1 労災保険制度の概要

JN092427

1 労災保険制度

労災保険は、労働者が業務や通勤が原因で、けがや病気等になったときや死亡したときに、治療費や休業補償など必要な保険給付を行うことを目的とした制度です。

保険給付は大別して、⑴労働者の業務による負傷、疾病、障害または死亡に関するもの、⑵労働者の通勤による負傷、疾病、障害または死亡に関するもの、健康診断の実施や保健指導といった「予防」の観点から平成13年に導入された⑶二次健康診断等給付――となっています。

なお、労災保険制度では、保険給付のほか、被災労働者の社会復帰の促進、被災労働者や遺族の援護、労働者の安全・衛生の確保等を目的として、社会復帰促進等事業が行われています。

労災保険から給付が受けられるもの

	原因・事由	仕事によるもの	通勤によるもの	参照頁
	災害分類	業務災害・複数業務要因災害	通勤災害	
災害が発生した場合に給付	療養するとき	療養補償等給付	療養給付	22頁
災害が発生した場合に給付	休業するとき	休業補償等給付	休業給付	28頁
災害が発生した場合に給付	療養開始後1年6か月経っても治らないとき	傷病補償等年金	傷病年金	36頁
災害が発生した場合に給付	障害が残ったとき	障害補償等給付	障害給付	37頁
災害が発生した場合に給付	介護を受けているとき	介護補償等給付	介護給付	41頁
災害が発生した場合に給付	死亡したとき	遺族補償等給付	遺族給付	43頁
災害が発生した場合に給付	死亡したとき	葬祭料等	葬祭給付	46頁
予防目的	定期健康診断で一定項目に所見があったとき	二次健康診断等給付		48頁
	その他	社会復帰促進等事業		52頁

業務災害・複数業務要因災害・通勤災害に対する保険給付の違い

業務災害の場合には、基本的に事業主にその補償責任があるので、保険給付の名称に「療養補償給付」のように「補償」が含まれています。一方、複数業務要因災害・通勤災害の場合には、本来、事業主責任が及ばないので、保険給付の名称には「複数事業労働者療養給付」「療養給付」のように「補償」を含みません。

しかし、保険給付の内容については、業務災害・複数業務要因災害及び通勤災害でほとんど違いはありません。通勤災害によって療養の給付を受け、かつ休業給付を受ける場合は、業務災害の場合と異なり、原則として一部負担金が徴収（最初の休業給付で調整される）されます。

2 労災保険が適用される労働者

　労災保険は、一部の農林水産業を除いて、すべての事業主が必ず加入しなければなりませんので、労災保険の適用される事業場で使用されるすべての労働者が保険給付の対象となります。したがって、パートタイマー・アルバイト・日雇・有期契約労働者（契約社員など）、派遣労働者等名称及び雇用形態、職種にかかわらず、事業に使用される者で、労働の対価としての賃金が支払われる者について労災保険が適用されます。

　　　　　　　　　☞なお、中小企業事業主、海外赴任者などの特別加入制度については54頁参照

▶▶ 労災保険給付の概要

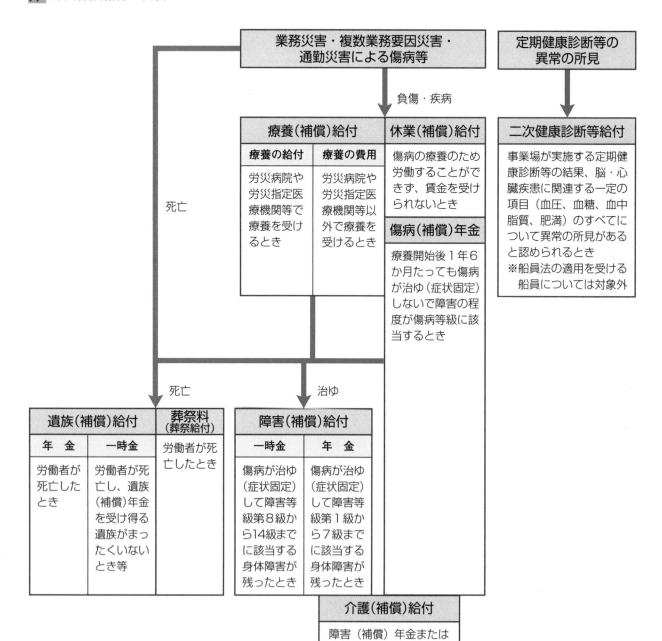

2 業務災害

1 業務災害の要件

　労災保険の対象となる「業務災害」とは、労働者が業務を原因として被った負傷、疾病・障害または死亡をいいます。業務災害と認められるには、「業務遂行性」及び「業務起因性」が認められなければなりません。

> (業務遂行性) とは……**労働者が労働契約に基づき事業主の支配・管理下にあること**
>
> (業務起因性) とは……**業務または業務行為を含めて、労働者が労働契約に基づき事業主の支配・管理下にあること（業務遂行性）に伴う危険が現実化したものと経験則上認められること（業務が原因となって災害が発生したこと。つまり、業務と災害との間に因果関係があること）**

　業務災害の認定に当たって、労働者であることを前提として、まず第一条件として「業務遂行性」の有無が判断され、これが認められたうえで「業務起因性」の有無が判断されます。

▶▶ 業務災害の認定手順

2 業務上・外の判断

1 業務遂行性が認められる3つの場合

　まず、業務遂行性が認められる場合には、次の3つの場合があります。

> ① **事業主の支配下にあり、かつ管理下にあって業務に従事している場合**
> 　　例えば…労働者が事業場内で自分の仕事をしている場合
> 　　　　　　業務に伴う行為を行っている場合
>
> ② **事業主の支配下にあり、かつ管理下にあるが、業務に従事していない場合**
> 　　例えば…休憩時間中に事業場施設内で自由行動をしている場合
>
> ③ **事業主の支配下にあるが、管理下を離れて業務に従事している場合**
> 　　例えば…出張や社用での外出により事業場施設外で業務に従事している場合

業務に伴う行為も業務遂行性が認められる

　業務に伴う行為、例えば作業中のトイレ・飲水などの生理的必要行為、作業の前後の準備行為、後始末行為、作業に伴う必要行為、緊急行為、合理的行為なども、業務付随行為として、このときに生じた災害は、業務災害となります。

出張中は全過程に業務遂行性が認められる

　出張については、宿泊、食事、入浴などの出張に伴い当然付随する行為も含めて、その全過程に業務遂行性が認められています。

2 業務起因性

前記のとおり、業務上・外の認定は、「業務遂行性」が認められたうえで、「業務起因性」が判断されますので、「業務起因性」についても、以上のような3つの場合に分けてその判断をすることとしています。

❶ 事業主の支配下にあり、かつ管理下にあって業務に従事している場合

➡ この場合の災害は、他に特別の原因がない限り、業務行為または事業場施設の管理状況等を原因として発生するものであるため、業務遂行性が認められ、かつ、業務起因性を否定するような他の原因がなければ、業務災害と認められる。

⬆⬇ ⚠ **ただし、次の場合には、業務災害とは認められません。**

① 労働者が就業中に私的行為または業務を逸脱する恣意的行為を行い、これが原因となって災害を被った場合
② 労働者が故意に災害を発生させた場合
③ 労働者が個人的な恨みなどにより、第三者から暴行を受けて被災した場合
④ 地震、台風など天災地変によって被災した場合※
　※事業場の立地条件や作業条件、作業環境などにより、天災地変に際して災害を被りやすい業務の事情があるときは、業務災害と認められる。

❷ 事業主の支配下にあり、かつ管理下にあるが、業務に従事していない場合

➡ 一般に業務起因性は認められないが、事業場施設の欠陥によるものや、業務付随行為とみられるべき行為中の災害は業務災害と認められる。

❸ 事業主の支配下にあるが、管理下を離れて業務に従事している場合

➡ この場合の災害は、❶の場合と同様に、業務遂行性が認められ、かつ、業務起因性を否定するような他の原因がなければ、業務災害と認められる。

3 業務上疾病について

業務との間に相当因果関係が認められる疾病については、労災保険給付の対象となります（これを「業務上疾病」といいます）。

業務上疾病とは、労働者が事業主の支配下にある状態において発症した疾病ではなく、事業主の支配下にある状態において有害因子にさらされたことによって発症した疾病をいいます。

例えば、労働者が脳出血を発症したのが就業時間中であっても、その発症原因が業務上のものと認められなければ、業務と疾病との間に相当因果関係※は成立しません。一方、就業時間外に発症した場合でも、業務による有害因子にさらされたことによって発症したものと認められれば、業務と疾病との間に相当因果関係が成立し、業務上疾病と認められます。

※相当因果関係……原因から結果が発生するまでの流れが、社会通念上相当とみられる関係をいいます。

一般的には、次の3つの要件が満たされる場合には、原則として、業務上疾病と認められます。

① 労働の場に有害因子が存在していること
② 健康障害を起こし得るほどの有害因子にさらされたこと
③ 発症の経過及び病態が医学的にみて妥当であること

特に③について、業務上疾病は、労働者が業務に内在する有害因子に接触することによって起こるものであることから、少なくともその有害因子にさらされた後に発症したものでなければなりません。しかし、業務上疾病の中には、有害因子にさらされた後、短期間で発症するものもあれば、相当長期の潜伏期間を経て発症するものもあり、発症の時期は、有害因子の性質や接触条件などによって異なります。したがって、発症の時期は、有害因子にさらされている間またはその直後のみに限定されるものではありません。労働基準法施行規則第35条に基づく別表第1の2に、労働環境の中で労働者が受ける有害因子とその因子により生ずることが経験則上明らかな疾病が例示されています。

 参考

業務上疾病の範囲（労働基準法施行規則別表第1の2）

一 業務上の負傷に起因する疾病

二 物理的因子による次に掲げる疾病
 1 紫外線にさらされる業務による前眼部疾患又は皮膚疾患
 2 赤外線にさらされる業務による網膜火傷、白内障等の眼疾患又は皮膚疾患
 3 レーザー光線にさらされる業務による網膜火傷等の眼疾患又は皮膚疾患
 4 マイクロ波にさらされる業務による白内障等の眼疾患
 5 電離放射線にさらされる業務による急性放射線症、皮膚潰瘍等の放射線皮膚障害、白内障等の放射線眼疾患、放射線肺炎、再生不良性貧血等の造血器障害、骨壊死その他の放射線障害
 6 高圧室内作業又は潜水作業に係る業務による潜函病又は潜水病
 7 気圧の低い場所における業務による高山病又は航空減圧症
 8 暑熱な場所における業務による熱中症
 9 高熱物体を取り扱う業務による熱傷
 10 寒冷な場所における業務又は低温物体を取り扱う業務による凍傷
 11 著しい騒音を発する場所における業務による難聴等の耳の疾患
 12 超音波にさらされる業務による手指等の組織壊死
 13 1から12までに掲げるもののほか、これらの疾病に付随する疾病その他物理的因子にさらされる業務に起因することの明らかな疾病

三 身体に過度の負担のかかる作業態様に起因する次に掲げる疾病
 1 重激な業務による筋肉、腱、骨若しくは関節の疾患又は内臓脱
 2 重量物を取り扱う業務、腰部に過度の負担を与える不自然な作業姿勢により行う業務その他腰部に過度の負担のかかる業務による腰痛
 3 さく岩機、鋲打ち機、チェーンソー等の機械器具の使用により身体に振動を与える業務による手指、前腕等の末梢循環障害、末梢神経障害又は運動器障害
 4 電子計算機への入力を反復して行う業務その他上肢に過度の負担のかかる業務による後頭部、頸部、肩甲部、上腕、前腕又は手指の運動器障害
 5 1から4までに掲げるもののほか、これらの疾病に付随する疾病その他身体に過度の負担のかかる作業態様の業務に起因することの明らかな疾病

四 化学物質等による次に掲げる疾病
 1 厚生労働大臣の指定する単体たる化学物質及び化合物（合金を含む。）にさらされる業務による疾病であつて、厚生労働大臣が定めるもの
 2 弗素樹脂、塩化ビニル樹脂、アクリル樹脂等の合成樹脂の熱分解生成物にさらされる業務による眼粘膜の炎症又は気道粘膜の炎症等の呼吸器疾患
 3 すす、鉱物油、うるし、テレビン油、タール、セメント、アミン系の樹脂硬化剤等にさらされる業務による皮膚疾患
 4 蛋白分解酵素にさらされる業務による皮膚炎、結膜炎又は鼻炎、気管支喘息等の呼吸器疾患
 5 木材の粉じん、獣毛のじんあい等を飛散する場所における業務又は抗生物質等にさらされる業務によるアレルギー性の鼻炎、気管支喘息等の呼吸器疾患
 6 落綿等の粉じんを飛散する場所における業務による呼吸器疾患
 7 石綿にさらされる業務による良性石綿胸水又はびまん性胸膜肥厚
 8 空気中の酸素濃度の低い場所における業務による酸素欠乏症
 9 1から8までに掲げるもののほか、これらの疾病に付随する疾病その他化学物質等にさらされる業務に起因することの明らかな疾病

五 粉じんを飛散する場所における業務によるじん肺症又はじん肺法（昭和三十五年法律第三十号）に規定するじん肺と合併したじん肺法

施行規則（昭和三十五年労働省令第六号）第一条各号に掲げる疾病

六 細菌、ウイルス等の病原体による次に掲げる疾病
 1 患者の診療若しくは看護の業務、介護の業務又は研究その他の目的で病原体を取り扱う業務による伝染性疾患
 2 動物若しくはその死体、獣毛、革その他動物性の物又はほろ等の古物を取り扱う業務によるブルセラ症、炭疽病等の伝染性疾患
 3 湿潤地における業務によるワイル病等のレプトスピラ症
 4 屋外における業務による恙虫病
 5 1から4までに掲げるもののほか、これらの疾病に付随する疾病その他細菌、ウイルス等の病原体にさらされる業務に起因することの明らかな疾病

七 がん原性物質若しくはがん原性因子又はがん原性工程における業務による次に掲げる疾病
 1 ベンジジンにさらされる業務による尿路系腫瘍
 2 ベーターナフチルアミンにさらされる業務による尿路系腫瘍
 3 四-アミノジフェニルにさらされる業務による尿路系腫瘍
 4 四-ニトロジフェニルにさらされる業務による尿路系腫瘍
 5 ビス（クロロメチル）エーテルにさらされる業務による肺がん
 6 ベリリウムにさらされる業務による肺がん
 7 ベンゾトリクロライドにさらされる業務による肺がん
 8 石綿にさらされる業務による肺がん又は中皮腫
 9 ベンゼンにさらされる業務による白血病
 10 塩化ビニルにさらされる業務による肝血管肉腫又は肝細胞がん
 11 三,三'-ジクロロ-四,四'-ジアミノジフェニルメタンにさらされる業務による尿路系腫瘍
 12 オルト-トルイジンにさらされる業務による膀胱がん
 13 一・二-ジクロロプロパンにさらされる業務による胆管がん
 14 ジクロロメタンにさらされる業務による胆管がん
 15 電離放射線にさらされる業務による白血病、肺がん、皮膚がん、骨肉腫、甲状腺がん、多発性骨髄腫又は非ホジキンリンパ腫
 16 オーラミンを製造する工程における業務による尿路系腫瘍
 17 マゼンタを製造する工程における業務による尿路系腫瘍
 18 コークス又は発生炉ガスを製造する工程における業務による肺がん
 19 クロム酸塩又は重クロム酸塩を製造する工程における業務による肺がん又は上気道のがん
 20 ニッケルの製錬又は精錬を行う工程における業務による肺がん又は上気道のがん
 21 砒素を含有する鉱石を原料として金属の製錬若しくは精錬を行う工程又は無機砒素化合物を製造する工程における業務による肺がん又は皮膚がん
 22 すす、鉱物油、タール、ピッチ、アスファルト又はパラフィンにさらされる業務による皮膚がん
 23 1から22までに掲げるもののほか、これらの疾病に付随する疾病その他がん原性物質若しくはがん原性因子にさらされる業務又はがん原性工程における業務に起因することの明らかな疾病

八 長期間にわたる長時間の業務その他血管病変等を著しく増悪させる業務による脳出血、くも膜下出血、脳梗塞、高血圧性脳症、心筋梗塞、狭心症、心停止（心臓性突然死を含む。）、重篤な心不全若しくは大動脈解離又はこれらの疾病に付随する疾病

九 人の生命にかかわる事故への遭遇その他心理的に過度の負担を与える事象を伴う業務による精神及び行動の障害又はこれに付随する疾病

十 前各号に掲げるもののほか、厚生労働大臣の指定する疾病

十一 その他業務に起因することの明らかな疾病

4 脳・心臓疾患の労災認定

　労働者に発症した脳・心臓疾患（負傷に起因するものを除く）を労災として認定する際の基準として「血管病変等を著しく増悪させる業務による脳血管疾患及び虚血性心疾患等の認定基準」（以下「脳・心臓疾患の認定基準」といいます）を定めています。この基準は令和3年9月に改正されました。

1 基本的な考え方

　脳・心臓疾患は、その発症の基礎となる動脈硬化等による血管病変または、動脈瘤、心筋変性等の基礎的病態が、主に加齢、食生活、生活環境等の日常生活による諸要因や遺伝等による要因により形成され、それが徐々に進行及び増悪するといった自然経過をたどり発症するものです。

　しかし、仕事が特に過重であったために血管病変等がその自然経過を超えて著しく増悪し、その結果、脳・心臓疾患が発症することがあります。このような場合には、その発症に当たって、業務が相対的に有力な原因となったものとして、業務に起因する疾病として取り扱います。

2 対象疾病

脳血管疾患		虚血性心疾患等	
◆脳内出血（脳出血）	◆くも膜下出血	◆心筋梗塞	◆狭心症
◆脳梗塞	◆高血圧性脳症	◆心停止（心臓性突然死を含む）	
		◆重篤な心不全	◆大動脈解離

3 認定要件

　以下のいずれかの「業務による明らかな過重負荷」を受けたことにより発症した脳・心臓疾患は、業務上の疾病として取り扱います。

業務による明らかな過重負荷	認定要件 **1** 長期間の過重業務	発症前の長期間にわたって、著しい疲労の蓄積をもたらす特に過重な業務に就労したこと
	認定要件 **2** 短期間の過重業務	発症に近接した時期において、特に過重な業務に就労したこと
	認定要件 **3** 異常な出来事	発症直前から前日までの間において、発生状態を時間的及び場所的に明確にし得る異常な出来事に遭遇したこと

認定要件 **1** 長期間の過重業務

「発症前の長期間にわたって、著しい疲労の蓄積をもたらす特に過重な業務に就労したこと」とは？

　具体的な判断項目は以下のとおりです。

評価期間（発症前の長期間）

　評価期間は、発症前おおむね6か月間です。

疲労の蓄積

　恒常的な長時間労働等の負荷が長期間にわたって作用した場合には、「疲労の蓄積」が生じ、これが血管病変等をその自然経過を超えて著しく増悪させ、その結果、脳・心臓疾患を発症させることがあります。

　このことから、発症との関連性について、業務の過重性を評価するに当たっては、発症前の一定期間の就労実態等を考察し、発症時における疲労の蓄積がどの程度であったかという観点から判断します。

特に過重な業務

　日常業務※に比較して特に過重な身体的、精神的負荷を生じさせたと客観的に認められる業務をいいます。　　　　　　　　　　　　　　　※「日常業務」とは、通常の所定労働時間内の所定業務内容をいいます。

過重負荷の有無の判断の内容

　著しい疲労の蓄積をもたらす特に過重な業務に就労したと認められるか否かは、業務量、業務内容、作業環境等を考慮し、同種労働者※にとっても、特に過重な身体的、精神的負荷と認められる業務であるか否かという観点から、客観的かつ総合的に判断します。

　業務の過重性の具体的な評価をするには、疲労の蓄積の観点から、労働時間のほか、労働時間以外の負荷要因（☞8頁参照）について十分検討することとしています。

※「同種労働者」とは、脳・心臓疾患を発症した労働者と職種、職場における立場や職責、年齢、経験等が類似する者をいい、基礎疾患を有していたとしても日常業務を支障なく遂行できるものを含みます。

労働時間

■労働時間の評価

　疲労の蓄積をもたらす最も重要な要因と考えられる労働時間に着目すると、その時間が長いほど、業務の過重性が増します。

　具体的には、発症日を起点とした1か月単位の連続した期間について、以下の①～③を踏まえて判断します。

> ①　発症前1か月間ないし6か月間※1にわたって、1か月当たりおおむね45時間を超える時間外労働※2が認められない場合は、業務と発症との関連性が弱いと評価できること
>
> ②　おおむね45時間を超えて時間外労働時間が長くなるほど、業務と発症との関連性が徐々に強まると評価できること
>
> ③　発症前1か月間におおむね100時間または発症前2か月間ないし6か月間※3にわたって、1か月当たりおおむね80時間を超える時間外労働が認められる場合は、業務と発症との関連性が強いと評価できること

※1　「発症前1か月間ないし6か月間」は、発症前1か月間、発症前2か月間、発症前3か月間、発症前4か月間、発症前5か月間、発症前6か月間の**すべての**期間をいいます。
※2　「時間外労働」とは、1週間当たり40時間を超えて労働した時間をいいます。
※3　「発症前2か月間ないし6か月間」は、発症前2か月間、発症前3か月間、発症前4か月間、発症前5か月間、発症前6か月間の**いずれかの**期間をいいます。

■労働時間と労働時間以外の負荷要因の総合的な評価

　労働時間以外の負荷要因（☞8頁参照）において一定の負荷が認められる場合には、労働時間の状況をも総合的に考慮し、業務と発症との関連性が強いといえるかどうかを適切に判断します。

具体的には以下のとおりです。

> 上記③の水準には至らないがこれに近い時間外労働が認められる場合には、特に他の負荷要因の状況を十分に考慮し、そのような時間外労働に加えて一定の労働時間以外の負荷が認められるときには、業務と発症との関連性が強いと評価できること

```
┌─────────────────┐
│    労働時間     │ ┐
└─────────────────┘ │
        ＋           ├ 総合的に考慮して判断
┌─────────────────┐ │
│ 労働時間以外の負荷要因 │ ┘
└─────────────────┘
```

▶▶ 労働時間以外の負荷要因

労働時間以外の負荷要因		負荷の程度を評価する視点
勤務時間の不規則性	拘束時間の長い勤務	拘束時間数、実労働時間数、労働密度（実作業時間と手待時間との割合等）、休憩・仮眠時間数及び回数、休憩・仮眠施設の状況（広さ、空調、騒音等）、業務内容等
	休日のない連続勤務	連続労働日数、連続労働日と発症との近接性、休日の数、実労働時間数、労働密度（実作業時間と手待時間との割合等）、業務内容等
	勤務間インターバルが短い勤務	勤務間インターバルが短い勤務の程度（時間数、頻度、連続性等）、業務内容等 ※長期間の過重業務の判断に当たっては、勤務間インターバルがおおむね11時間未満の勤務の有無、時間数、頻度、連続性等について評価
	不規則な勤務・交替制勤務・深夜勤務	予定された業務スケジュールの変更の頻度・程度・事前の通知状況、予定された業務スケジュールの変更の予測の度合、交替制勤務における予定された始業・終業時刻のばらつきの程度、勤務のため夜間に十分な睡眠が取れない程度（勤務の時間帯や深夜時間帯の勤務の頻度・連続性）、一勤務の長さ（引き続いて実施される連続勤務の長さ）、一勤務中の休憩の時間数及び回数、休憩や仮眠施設の状況（広さ、空調、騒音等）、業務内容及びその変更の程度等
事業場外における移動を伴う業務	出張の多い業務	出張（特に時差のある海外出張）の頻度、出張が連続する程度、出張期間、交通手段、移動時間及び移動時間中の状況、移動距離、出張先の多様性、宿泊の有無、宿泊施設の状況、出張中における睡眠を含む休憩・休息の状況、出張中の業務内容等 併せて出張による疲労の回復状況等も踏まえて評価 飛行による時差については、時差の程度（特に4時間以上の時差の程度）、時差を伴う移動の頻度、移動の方向等の観点から検討 出張に伴う勤務時間の不規則性については「勤務時間の不規則性」により評価
	その他事業場外における移動を伴う業務	移動（特に時差のある海外への移動）の頻度、交通手段、移動時間及び移動時間中の状況、移動距離、移動先の多様性、宿泊の有無、宿泊施設の状況、宿泊を伴う場合の睡眠を含む休憩・休息の状況、業務内容等 併せて移動による疲労の回復状況等も踏まえて評価 時差及び移動に伴う勤務時間の不規則性については「出張の多い業務」と同様に評価
心理的負荷を伴う業務		別表1及び別表2※に掲げられている日常的に心理的負荷を伴う業務又は心理的負荷を伴う具体的出来事等
身体的負荷を伴う業務		業務内容のうち重量物の運搬作業、人力での掘削作業などの身体的負荷が大きい作業の種類、作業強度、作業量、作業時間、歩行や立位を伴う状況等のほか、当該業務が日常業務と質的に著しく異なる場合にはその程度（事務職の労働者が激しい肉体労働を行うなど）
作業環境	温度環境	寒冷・暑熱の程度、防寒・防暑衣類の着用の状況、一連続作業時間中の採暖・冷却の状況、寒冷と暑熱との交互のばく露の状況、激しい温度差がある場所への出入りの頻度、水分補給の状況等 ※長期間の過重業務の判断に当たっては、付加的に評価
	騒音	おおむね80dBを超える騒音の程度、そのばく露時間・期間、防音保護具の着用の状況等 ※長期間の過重業務の判断に当たっては、付加的に評価

※別表1及び別表2は、9頁のとおりです。

▶▶ 別表1　日常的に心理的負荷を伴う業務

	具体的業務	負荷の程度を評価する視点	
1	常に自分あるいは他人の生命、財産が脅かされる危険性を有する業務	危険性の度合、業務量（労働時間、労働密度）、就労期間、経験、適応能力、会社の支援、予想される被害の程度等	
2	危険回避責任がある業務		
3	人命や人の一生を左右しかねない重大な判断や処置が求められる業務		
4	極めて危険な物質を取り扱う業務		
5	決められた時間（納期等）どおりに遂行しなければならないような困難な業務	阻害要因の大きさ、達成の困難性、ペナルティの有無、納期等の変更の可能性等	業務量（労働時間、労働密度）、就労期間、経験、適応能力、会社の支援等
6	周囲の理解や支援のない状況下での困難な業務	業務の困難度、社内での立場等	

▶▶ 別表2　心理的負荷を伴う具体的出来事

	出来事の類型	具体的出来事	負荷の程度を評価する視点
1	①事故や災害の体験	（重度の）病気やケガをした	・病気やケガの程度 ・後遺障害の程度、社会復帰の困難性等
2		悲惨な事故や災害の体験、目撃をした	・本人が体験した場合、予感させる被害の程度 ・他人の事故を目撃した場合、被害の程度や被害者との関係等
3	②仕事の失敗、過重な責任の発生等	業務に関連し、重大な人身事故、重大事故を起こした	・事故の大きさ、内容及び加害の程度 ・ペナルティ・責任追及の有無及び程度、事後対応の困難性等
4		会社の経営に影響するなどの重大な仕事上のミスをした	・失敗の大きさ・重大性、社会的反響の大きさ、損害等の程度 ・ペナルティ・責任追及の有無及び程度、事後対応の困難性等
5		会社で起きた事故、事件について、責任を問われた	・事故、事件の内容、関与・責任の程度、社会的反響の大きさ等 ・ペナルティの有無及び程度、責任追及の程度、事後対応の困難性等 （注）この項目は、部下が起こした事故等、本人が直接引き起こしたものではない事故、事件について、監督責任等を問われた場合の心理的負荷を評価する。本人が直接引き起こした事故等については、項目4で評価する。
6		自分の関係する仕事で多額の損失等が生じた	・損失等の程度、社会的反響の大きさ等 ・事後対応の困難性等 （注）この項目は、取引先の倒産など、多額の損失等が生じた原因に本人が関与していないものの、それに伴う対応等による心理的負荷を評価する。本人のミスによる多額の損失等については、項目4で評価する。
7		業務に関連し、違法行為を強要された	・違法性の程度、強要の程度（頻度、方法）等 ・事後のペナルティの程度、事後対応の困難性等
8		達成困難なノルマが課された	・ノルマの内容、困難性、強制の程度、達成できなかった場合の影響、ペナルティの有無等 ・その後の業務内容・業務量の程度、職場の人間関係等
9		ノルマが達成できなかった	・達成できなかったことによる経営上の影響度、ペナルティの程度等 ・事後対応の困難性等 （注）期限に至っていない場合でも、達成できない状況が明らかになった場合にはこの項目で評価する。
10		新規事業の担当になった、会社の建て直しの担当になった	・新規業務の内容、本人の職責、困難性の程度、能力と業務内容のギャップの程度等 ・その後の業務内容、業務量の程度、職場の人間関係等

	出来事の類型	具体的出来事	負荷の程度を評価する視点
11		顧客や取引先から無理な注文を受けた	・顧客・取引先の重要性、要求の内容等 ・事後対応の困難性等
12		顧客や取引先からクレームを受けた	・顧客・取引先の重要性、会社に与えた損害の内容、程度等 ・事後対応の困難性等 （注）この項目は、本人に過失のないクレームについて評価する。本人のミスによるものは、項目4で評価する。
13	③仕事の質	仕事内容の（大きな）変化を生じさせる出来事があった	・業務の困難性、能力・経験と業務内容のギャップ等 ・時間外労働、休日労働、業務の密度の変化の程度、仕事内容、責任の変化の程度等
14		退職を強要された	・解雇又は退職強要の経過、強要の程度、職場の人間関係等 （注）ここでいう「解雇又は退職強要」には、労働契約の形式上期間を定めて雇用されている者であっても、当該契約が期間の定めのない契約と実質的に異ならない状態となっている場合の雇止めの通知を含む。
15		配置転換があった	・職種、職務の変化の程度、配置転換の理由・経過等 ・業務の困難性、能力・経験と業務内容のギャップ等 ・その後の業務内容、業務量の程度、職場の人間関係等 （注）出向を含む。
16	④役割・地位の変化等	転勤をした	・職種、職務の変化の程度、転勤の理由・経過、単身赴任の有無、海外の治安の状況等 ・業務の困難性、能力・経験と業務内容のギャップ等 ・その後の業務内容、業務量の程度、職場の人間関係等
17		複数名で担当していた業務を1人で担当するようになった	・業務の変化の程度等 ・その後の業務内容、業務量の程度、職場の人間関係等
18		非正規社員であるとの理由等により、仕事上の差別、不利益取扱いを受けた	・差別・不利益取扱いの理由・経過、内容、程度、職場の人間関係等 ・その継続する状況
19	⑤パワーハラスメント	上司等から、身体的攻撃、精神的攻撃等のパワーハラスメントを受けた	・指導・叱責等の言動に至る経緯や状況 ・身体的攻撃、精神的攻撃等の内容、程度等 ・反復・継続など執拗性の状況 ・就業環境を害する程度 ・会社の対応の有無及び内容、改善の状況 （注）当該出来事の評価対象とならない対人関係のトラブルは、出来事の類型「対人関係」の各出来事で評価する。 （注）「上司等」には、職務上の地位が上位の者のほか、同僚又は部下であっても、業務上必要な知識や豊富な経験を有しており、その者の協力が得られなければ業務の円滑な遂行を行うことが困難な場合、同僚又は部下からの集団による行為でこれに抵抗又は拒絶することが困難である場合も含む。
20		同僚等から、暴行又は（ひどい）いじめ・嫌がらせを受けた	・暴行又はいじめ・嫌がらせの内容、程度等 ・反復・継続など執拗性の状況 ・会社の対応の有無及び内容、改善の状況
21	⑥対人関係	上司とのトラブルがあった	・トラブルの内容、程度等 ・その後の業務への支障等
22		同僚とのトラブルがあった	・トラブルの内容、程度、同僚との職務上の関係等 ・その後の業務への支障等
23		部下とのトラブルがあった	・トラブルの内容、程度等 ・その後の業務への支障等
24	⑦セクシュアルハラスメント	セクシュアルハラスメントを受けた	・セクシュアルハラスメントの内容、程度等 ・その継続する状況 ・会社の対応の有無及び内容、改善の状況、職場の人間関係等

「発症に近接した時期において、特に過重な業務に就労したこと」とは？

具体的な判断項目は以下のとおりです。

評価期間（発症に近接した時期）

評価期間は、発症前おおむね１週間です。

過重負荷の有無の判断の内容

特に過重な業務に就労したと認められるか否かは、「長期間の過重業務」における判断と同じように、業務量、業務内容、作業環境等を考慮し、同種労働者にとっても、特に過重な身体的、精神的負荷と認められる業務であるか否かという観点から、客観的かつ総合的に判断します。

業務の過重性の具体的な評価をするには、労働時間のほか、労働時間以外の負荷要因（☞8頁参照）について十分検討します。

なお、「短期間の過重業務」の判断においては、作業環境について付加的に考慮するのではなく、他の負荷要因と同様に十分に検討します。

■業務と発症との時間的関連性

短期間の過重業務と発症との関連性を時間的にみた場合、業務による過重な負荷は、発症に近ければ近いほど影響が強いと考えられることから、次に示す業務と発症との時間的関連を考慮して判断します。

> ① 発症直前から前日までの間の業務が特に過重であるか否か
>
> ② 発症直前から前日までの間の業務が特に過重であると認められない場合であっても、発症前おおむね１週間以内に過重な業務が継続している場合には、業務と発症との関連性があると考えられるので、この間の業務が特に過重であるか否か

■業務の過重性の具体的評価

「労働時間」の長さは、業務量の大きさを示す指標であり、また、過重性の評価の最も重要な要因です。評価期間の労働時間は十分に考慮し、発症直前から前日までの間の労働時間数、発症前１週間の労働時間数、休日の確保の状況等の観点から検討し、評価します。

次の場合には、業務と発症との関連性が強いと評価できることを踏まえて判断します。

> ① 発症直前から前日までの間に特に過度の長時間労働が認められる場合
>
> ② 発症前おおむね１週間継続して深夜時間帯に及ぶ時間外労働を行うなど過度の長時間労働が認められる場合等
>
> （いずれも、手待時間が長いなど特に労働密度が低い場合を除く。）

※なお、労働時間の長さのみで過重負荷の有無を判断できない場合には、労働時間と労働時間以外の負荷要因を総合的に考慮して判断します。

認定要件 ③ 異常な出来事

「発症直前から前日までの間において、発生状態を時間的及び場所的に明確にし得る異常な出来事に遭遇したこと」とは？

具体的な判断項目は以下のとおりです。

評価期間

評価期間は、発症直前から前日です。

異常な出来事

精神的負荷	極度の緊張、興奮、恐怖、驚がく等の強度の精神的負荷を引き起こす事態
考えられる例： ① 業務に関連した重大な人身事故や重大事故に直接関与した場合 ② 事故の発生に伴って著しい身体的、精神的負荷のかかる救助活動や事故処理に携わった場合 ③ 生命の危険を感じさせるような事故や対人トラブルを体験した場合	
身体的負荷	**急激で著しい身体的負荷を強いられる事態**
考えられる例： 上記①、②のほか、 ④ 著しい身体的負荷を伴う消火作業、人力での除雪作業、身体訓練、走行等を行った場合	
作業環境の変化	**急激で著しい作業環境の変化**
考えられる例： ⑤ 著しく暑熱な作業環境下で水分補給が阻害される状態や著しく寒冷な作業環境下での作業、温度差のある場所への頻回な出入りを行った場合	

過重負荷の有無の判断の内容

異常な出来事と認められるか否かは、以下のような事項について検討し、これらの出来事による身体的、精神的負荷が著しいと認められるか否かという観点から、客観的かつ総合的に判断します。

（検討の視点）
出来事の異常性・突発性の程度、予測の困難性、事故や災害の場合にはその大きさ、被害・加害の程度、緊張、興奮、恐怖、驚がく等の精神的負荷の程度、作業強度等の身体的負荷の程度、気温の上昇または低下等の作業環境の変化の程度等

4 脳・心臓疾患の労災認定フローチャート

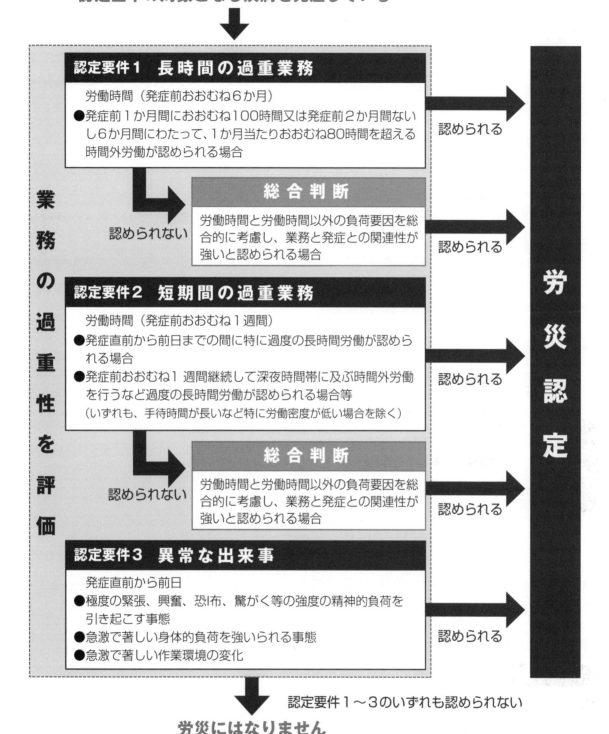

認定基準の対象となる疾病を発症している

業務の過重性を評価

認定要件1　長時間の過重業務

労働時間（発症前おおむね6か月）
●発症前1か月間におおむね100時間又は発症前2か月間ないし6か月間にわたって、1か月当たりおおむね80時間を超える時間外労働が認められる場合

認められる →

認められない →

総合判断

労働時間と労働時間以外の負荷要因を総合的に考慮し、業務と発症との関連性が強いと認められる場合

認められる →

認定要件2　短期間の過重業務

労働時間（発症前おおむね1週間）
●発症直前から前日までの間に特に過度の長時間労働が認められる場合
●発症前おおむね1週間継続して深夜時間帯に及ぶ時間外労働を行うなど過度の長時間労働が認められる場合等
（いずれも、手待時間が長いなど特に労働密度が低い場合を除く）

認められる →

認められない →

総合判断

労働時間と労働時間以外の負荷要因を総合的に考慮し、業務と発症との関連性が強いと認められる場合

認められる →

認定要件3　異常な出来事

発症直前から前日
●極度の緊張、興奮、恐怖、驚がく等の強度の精神的負荷を引き起こす事態
●急激で著しい身体的負荷を強いられる事態
●急激で著しい作業環境の変化

認められる →

労災認定

認定要件1～3のいずれも認められない

労災にはなりません

5 「複数の会社等に雇用されている労働者」の取り扱い

　1つの勤務先の負荷を評価しても労災認定できない場合は、すべての勤務先の負荷を総合的に評価して労災認定できるかどうかを判断します。

　なお、業務による負荷は、労働時間については通算し、労働時間以外の負荷要因については負荷を総合的に評価し、業務による明らかな過重負荷を受けたか否かを判断します。

資料出所：厚生労働省「脳・心臓疾患の労災認定」

5 精神障害の労災認定

近年、仕事のストレス（業務による心理的負荷）が原因で精神障害になった、あるいは自殺したとして労災請求されるケースが増えています。

厚生労働省では、平成23年12月に、平成11年に定めた「心理的負荷による精神障害等に係る業務上外の判断指針」を見直し、新たに「心理的負荷による精神障害の認定基準」（平23.12.26基発1226第1号）を定め、これに基づいて労災認定を行っています。

1 精神障害の発病についての考え方

精神障害は、外部からのストレス（仕事によるストレスや私生活でのストレス）とそのストレスへの個人の対応力の強さとの関係で発病に至ると考えられています。

発病した精神障害が労災認定されるのは、その発病が仕事による強いストレスによるものと判断できる場合に限ります。

仕事によるストレスが強かった場合でも、同時に私生活でのストレスやその人の個体側要因（既往症、アルコール依存など）が関係している場合には、どれが発病の原因なのかを医学的に慎重に判断しなければなりません。

2 認定要件

精神障害の労災認定のための要件は次のとおりです。

認定要件

1. 認定基準の対象となる精神障害を発病していること
2. 認定基準の対象となる精神障害の発病前おおむね6か月間に、**業務による強い心理的負荷**が認められること
3. 業務以外の心理的負荷や個体側要因により発病したとは認められないこと

業務による具体的な出来事があり、その出来事とその後の状況が、労働者に強い心理的負荷を与えたこと

心理的負荷の強度は、精神障害を発病した労働者がその出来事とその後の状況を主観的にどう受け止めたかではなく、同種の労働者が一般的にどう受け止めるかという観点から評価します。「同種の労働者」とは、職種、職場における立場や職責、年齢、経験が類似する人をいいます。

3 認定要件の判断方法

認定要件 1 認定基準の対象となる精神障害かどうか

▶▶ 認定基準の対象となる精神障害

認定基準の対象となる精神障害は、国際疾病分類第10回修正版（ICD-10）第Ⅴ章「精神および行動の障害」に分類される精神障害であって、認知症や頭部外傷などによる障害（F0）＊ およびアルコールや薬物による障害（F1）＊ は除きます

国際疾病分類第10回修正版（ICD-10）第Ⅴ章「精神および行動の障害」分類

分類コード	疾病の種類	分類コード	疾病の種類
F0＊	症状性を含む器質性精神障害	F5	生理的障害及び身体的要因に関連した行動症候群
F1＊	精神作用物質使用による精神及び行動の障害	F6	成人のパーソナリティ及び行動の障害
F2	統合失調症、統合失調症型障害及び妄想性障害	F7	精神遅滞［知的障害］
F3	気分［感情］障害	F8	心理的発達の障害
F4	神経症性障害、ストレス関連障害及び身体表現性障害	F9	小児期及び青年期に通常発症する行動及び情緒の障害、特定不能の精神障害

認定要件 ② **業務による強い心理的負荷が認められるかどうか**

　　　　　発病前おおむね６か月の間に起きた業務による出来事について、**「業務による心理的負荷評価表」**（認定基準の別表１、本冊子では略）により「強」と評価される場合、認定要件の❷「業務による強い心理的負荷が認められること」を満たします。

　　　　　認定基準では、出来事と出来事後を一連のものとして総合評価を行います。おおまかな評価手順は下図のとおりです。

▶▶ **業務による心理的負荷の評価手順**

1. 「特別な出来事」に該当する出来事の有無を評価します

特別な出来事 に該当する出来事が ➡ **ある場合** ➡ 心理的負荷は **強**

例：「極度の長時間労働」（月160時間程度の時間外労働）、
「心理的負荷が極度のもの」（強姦やわいせつ行為等もこれに当たる）

2. 「特別な出来事」に該当する出来事がない場合、業務による出来事を評価表の具体的出来事に当てはめ、心理的負荷の強度を **強** **中** **弱** と評価していきます

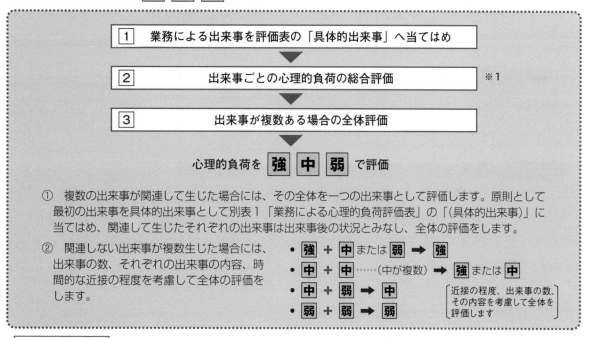

特別な出来事以外 ※1

（総合評価における共通事項）

1　出来事後の状況の評価に共通の視点

　　出来事後の状況として、表に示す「心理的負荷の総合評価の視点」のほか、以下に該当する状況のうち、著しいものは総合評価を強める要素として考慮する。

①　仕事の裁量性の欠如（他律性、強制性の存在）。具体的には、仕事が孤独で単調となった、自分で仕事の順番・やり方を決めることができなくなった、自分の技能や知識を仕事で使うことが要求されなくなった等。

②　職場環境の悪化。具体的には、騒音、照明、温度（暑熱・寒冷）、湿度（多湿）、換気、臭気の悪化等。

③　職場の支援・協力等（問題への対処等を含む）の欠如。具体的には、仕事のやり方の見直し改善、応援体制の確立、責任の分散等、支援・協力がなされていない等。

④　上記以外の状況であって、出来事に伴って発生したと認められるもの（他の出来事と評価できるものを除く。）

2　恒常的長時間労働が認められる場合の総合評価

①　具体的出来事の心理的負荷の強度が労働時間を加味せずに「中」程度と評価される場合であって、出来事の後に恒常的な長時間労働（月100時間程度となる時間外労働）が認められる場合には、総合評価は「強」とする。

②　具体的出来事の心理的負荷の強度が労働時間を加味せずに「中」程度と評価される場合であって、出来事の前に恒常的な長時間労働（月100時間程度となる時間外労働）が認められ、出来事後すぐに（出来事後おおむね10日以内に）発病に至っている場合、又は、出来事後すぐに発病には至っていないが事後対応に多大な労力を費しその後発病した場合、総合評価は「強」とする。

③　具体的出来事の心理的負荷の強度が、労働時間を加味せずに「弱」程度と評価される場合であって、出来事の前及び後にそれぞれ恒常的な長時間労働（月100時間程度となる時間外労働）が認められる場合には、総合評価は「強」とする。

長時間労働がある場合の評価方法

　長時間労働に従事することも精神障害発病の原因となり得ることから、長時間労働を次の3つの視点から評価します。

		評価の視点	「強」になる例
①	「特別な出来事」としての「極度の長時間労働」	発病直前の極めて長い労働時間を評価。	・発病直前の1か月におおむね160時間以上の時間外労働を行った場合 ・発病直前の3週間におおむね120時間以上の時間外労働を行った場合
②	「出来事」としての長時間労働	発病前の1か月から3か月間の長時間労働を「出来事」として評価。	・発病直前の2か月間連続して1月当たりおおむね120時間以上の時間外労働を行った場合 ・発病直前の3か月間連続して1月当たりおおむね100時間以上の時間外労働を行った場合
③	他の出来事と関連した長時間労働	出来事が発生した前や後に恒常的な長時間労働（月100時間程度の時間外労働）があった場合、心理的負荷の強度を修正する要素として評価。	・転勤して新たな業務に従事し、その後月100時間程度の時間外労働を行った場合

＊上記時間外労働時間数は目安であり、この基準に至らない場合でも、心理的負荷を「強」と判断することがあります。
＊ここでいう「時間外労働」とは、週40時間を超える労働時間をいいます。

評価期間の特例

　認定基準では、発病前おおむね6か月の間に起こった出来事について評価します。ただし、いじめやセクシュアルハラスメントのように、出来事が繰り返されるものについては、発病の6か月よりも前にそれが始まり、発病まで継続していたときは、それが始まった時点からの心理的負荷を評価します。

認定要件 ③　**業務以外による心理的負荷や個体側要因により発病したとは認められないこと**

　「業務以外の心理的負荷評価表」（認定基準の別表2、本冊子では略）を用いて仕事以外の心理的負荷の強度を評価します。

　また、精神障害の既往症、アルコール依存状況などの個体側要因がある場合には、それが発病の原因であるといえるか慎重に判断します。

「自殺」の取扱い

　業務による心理的負荷によって精神障害を発病し、自殺を図った場合は、正常な認識や行為選択能力、自殺行為を思いとどまる精神的な抑制力が著しく阻害されている状態に陥ったもの（故意の欠如）と推定され、原則として、その死亡は労災認定されます。

発病後に悪化した場合

　業務以外の心理的負荷により発病して治療が必要な状態にある精神障害が悪化した場合は、悪化する前に業務による心理的負荷があっても、直ちにそれが悪化の原因とは判断できません。

　ただし、評価表（別表1）の「特別な出来事」に該当する出来事があり、その後おおむね6か月以内に精神障害が自然経過を超えて著しく悪化したと医学的に認められる場合に限り、その「特別な出来事」による心理的負荷が悪化の原因と推認し、原則として、悪化した部分は労災補償の対象となります。

精神障害の「治ゆ」

　労災保険では、傷病が「治ゆ」すると、療養（補償）等給付や休業（補償）等給付は支給されなくなります。ここで「治ゆ」とは、症状が残っていて、これ以上医療効果が期待できなくなった「症状固定」の状態も含まれますが、この点は精神障害の場合も同様です。

　また、精神障害の場合、通常の就労が可能な状態で「寛解」の診断がなされているときは、治ゆの状態と考えられます。

「複数の会社等に雇用されている労働者」の取扱い

　1つの勤務先での心理的負荷を評価しても労災認定できない場合は、すべての勤務先の業務による心理的負荷を総合的に評価して労災認定できるかどうかを判断します。

▶▶ 精神障害の労災認定フローチャート

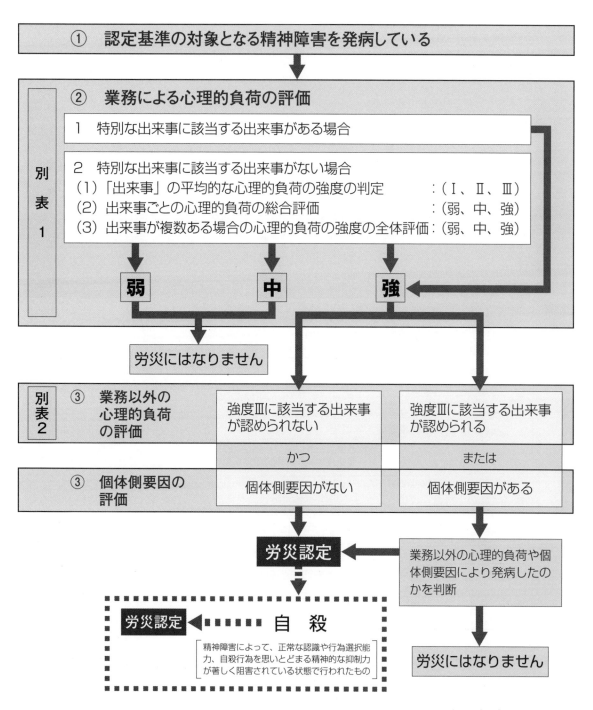

資料出所：厚生労働省「精神障害の労災認定」

6 石綿による疾病の労災認定

　石綿ばく露作業に従事しているか、または従事したことのある労働者に発症した肺がん、中皮腫等の石綿関連疾患について、業務上・外を判断する労災認定基準の概要は以下のとおりです。

1 対象となる石綿ばく露作業

① 石綿鉱山またはその附属施設において行う石綿を含有する鉱石または岩石の採掘、搬出または粉砕その他石綿の精製に関連する作業
② 倉庫内などにおける石綿原料などの袋詰めまたは運搬作業
③ 石綿製品の製造工程における作業
④ 石綿の吹付け作業
⑤ 耐熱性の石綿製品を用いて行う断熱もしくは保温のための被覆またはその補修作業
⑥ 石綿製品の切断などの加工作業
⑦ 石綿製品が被覆材または建材として用いられている建物、その附属施設などの補修または解体作業
⑧ 石綿製品が用いられている船舶または車両の補修または解体作業
⑨ 石綿を不純物として含有する鉱物（タルク（滑石）など）などの取り扱い作業

　これらのほか、これらの作業と同程度以上に石綿粉じんのばく露を受ける作業や作業の周辺などにおいて、間接的なばく露を受ける作業も対象となる。

2 認定要件

	認定要件
(1)石綿肺 （合併症を含む）	原則として、都道府県労働局長によるじん肺管理区分（管理1～4）の決定がなされた後に、業務上の疾病か否かが判断される。次のいずれかに該当する場合、業務上疾病と認められる。 ①管理4の石綿肺（石綿肺によるじん肺症） ②管理2、管理3、管理4の石綿肺に合併した疾病　　肺結核、結核性胸膜炎、続発性気管支炎、続発性気管支炎拡張症、続発性気胸
(2)中皮腫	胸膜、腹膜、心膜または精巣鞘膜の中皮腫であって、じん肺法に定める胸部エックス線写真の像の区分（第1～4型）または石綿ばく露作業従事期間が次のいずれかに該当する場合、業務上疾病と認められる（最初の石綿ばく露作業を開始したときから10年未満で発症したものは除く）。 ①胸部エックス線写真で第1型以上の石綿肺所見がある ②石綿ばく露作業従事期間1年以上 　　認定に当たっては、病理組織検査結果に基づき確定診断がなされていることが重要。しかし、病理組織検査ができない場合には、臨床検査結果、画像所見、臨床経過、他疾患との鑑別などを総合して判断。
(3)肺がん	原発性肺がん（転移性の肺がんではない）であって、次の①～⑥のいずれかに該当する場合、業務上疾病と認められる（最初の石綿ばく露作業を開始したときから10年未満で発症したものは除く）。 ①じん肺法に定める胸部エックス写真の像が第1型以上の石綿肺 ②胸膜プラーク＋石綿ばく露作業従事期間10年以上 　（石綿製品の製造工程における作業については、平成8年以降の従事期間を実際の従事期間の1/2として算定） ③広範囲の胸膜プラーク所見＋石綿ばく露作業従事期間1年以上 　　胸部正面エックス線写真により胸膜プラークと判断できる明らかな陰影が認められ、かつ、胸部CT画像によりその陰影が胸膜プラークとして確認される場合。 　　胸部CT画像で、胸膜プラークの広がりが胸壁内側の1/4以上ある場合。 ④石綿小体または石綿繊維の所見＋石綿ばく露作業従事期間1年以上 　　乾燥肺重量1g当たり5,000本以上の石綿小体、気管支肺胞洗浄液1ml中に5本以上の石綿小体、乾燥肺重量1g当たり5μm超200万本以上の石綿繊維（1μm超の場合は500万本以上）、肺組織切片中に石綿小体または石綿繊維がある。 ⑤びまん性胸膜肥厚に併発 ⑥特定3作業に従事＋石綿ばく露作業従事期間5年以上 　（特定3作業のいずれかが合算した期間。ただし、平成8年以降では実際の従事期間の1/2として算定） 　　石綿紡織製品製造作業、石綿セメント製品製造作業、石綿吹付作業
(4)良性石綿胸水	胸水は、石綿以外にもさまざまな原因で発症するため、良性石綿胸水の診断は、石綿以外の胸水の原因を全て除外することにより行われます。そのため、診断が非常に困難であることから、労働基準監督署長が厚生労働省と協議したうえで、業務上・外の判断をする。
(5)びまん性胸膜肥厚	以下の①～③のすべてを満たす場合に、業務上疾病と認められる。 ①石綿ばく露作業従事期間が3年以上 ②著しい呼吸機能障害がある（パーセント肺活量が60％未満の場合など） ③一定以上の肥厚の広がり　胸部CT画像上に片側のみ肥厚：側胸壁の1/2以上 　　　　　　　　　　　　両側に肥厚：側胸壁の1/4以上

資料出所：厚生労働省「石綿による疾病の労災認定」

③ 複数業務要因災害

複数業務要因災害とは、複数事業労働者の二以上の事業の業務を要因とする傷病等のことをいいます。なお、対象となる傷病等は、脳・心臓疾患や精神障害などです。

1 複数業務要因災害の要件

1 複数事業労働者に該当すること

複数事業労働者とは、傷病等が生じた時点において、事業主が同一でない複数の事業場に同時に使用されている労働者をいいます。したがって、労働者として就業しつつ、同時に労働者以外の働き方で就業している者については、複数事業労働者に該当しません。また、転職等、複数の事業場に同時に使用されていない者についても、複数事業労働者に該当しません。

複数事業労働者に該当する労働者は、

①複数の事業と労働契約関係にあり、当該事業に使用される者

②一以上の事業と労働契約関係にあり、かつ、他の事業について特別加入している者

③複数の事業について特別加入している者

になります。

④複数事業労働者に類する者

「複数事業労働者に類する者」とは、被災した時点で複数の会社について労働契約にない場合であっても、その原因や要因となる事由か発生した時点で、複数の会社と労働契約関係であった場合には「複数事業労働者に類する者」として、制度の対象となります。

2 複数の事業の業務を要因とする傷病等であるか否かの判断

複数の事業場の業務上の負荷（労働時間やストレス等）を総合的に評価して、労災認定の判断をします。

なお、複数事業労働者であっても、1つの事業場のみの業務上の負荷を評価して業務上と認められる場合は、これまで通り業務災害として労災認定されます。

3 複数業務要因災害の保険給付に係る給付基礎日額

複数業務要因災害の保険給付に係る給付基礎日額については、複数事業労働者を使用するすべての事業場等の賃金額を合算した額を基礎として給付基礎日額が算定されます。

また、複数事業労働者に関する給付基礎日額については、複数事業労働者を使用するすべての事業場等の賃金額を合算した額を基礎として給付基礎日額が算定されます。

なお、この記入例に関しましては、☞34及び35頁を参照してください。

4 通勤災害

1 通勤災害保護制度

　労災保険制度は元来、労働者が業務上の事由によって被った負傷、疾病、障害、死亡について、必要な保険給付を行うものです。通勤という行為自体は、業務ではありませんが、労働者が労務を提供するために必然的に随伴する行為です。そこで、昭和48年に通勤災害保護制度が設けられ、通勤中の被災についても保険給付の対象とすることとされました。制度発足以来、保険給付の内容及び水準は、業務災害とほぼ同等となっています。

> **通勤災害も含めて「労災」**
> 　被災労働者の側からみれば、通勤災害も業務災害も労災保険の適用上は何ら変わりません。そのため、現在では、通勤災害も業務災害も「労災（事故）」と総称している例もみられ、また、通勤災害として認められることを「労災認定」といっているのも一般化されています。

2 通勤災害の要件（通勤の定義）

　労働者災害補償保険法（以下「労災保険法」といいます）では、通勤災害となる「通勤」を次のように定義しており、これらを満たす場合に、同法の保険給付の対象となります。

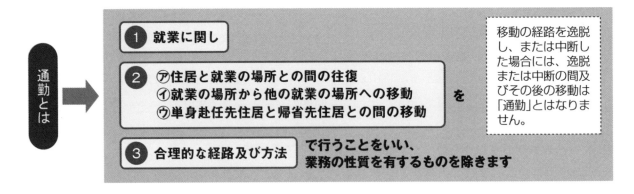

通勤とは

1 就業に関し

2 ㋐住居と就業の場所との間の往復
　㋑就業の場所から他の就業の場所への移動
　㋒単身赴任先住居と帰省先住居との間の移動　を

3 合理的な経路及び方法　で行うことをいい、業務の性質を有するものを除きます

> 移動の経路を逸脱し、または中断した場合には、逸脱または中断の間及びその後の移動は「通勤」とはなりません。

▶▶ 通勤の形態

㋐通常の場合

通　勤

住　居　　　就業の場所

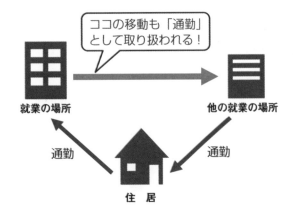

㋑複数就業者の場合

ココの移動も「通勤」として取り扱われる！

就業の場所　　　他の就業の場所

通勤　　　　通勤

住　居

㋒単身赴任者の場合

就業の場所

通勤

ココの移動も「通勤」として取り扱われる！

赴任先住居　　　　帰省先住居

通勤

※㋑、㋒の場合、一定の要件があります。

▶▶ 労災保険法における通勤の要件

1 就業に関し

業務と密接な関連性のある移動

　出勤については、その日に実際に就業する予定であったこと、または、現実に就業していたことが必要。

　前頁の⑦の赴任先・帰省先住居間の移動の場合は、原則として、就業日とその前日または翌日までに行われるものについて認められます。

2 住　居

労働者が居住している家屋などの場所で本人の就業のための拠点となるところ

　したがって、就業の必要上、家族の住む場所とは別に就業の場所の近くにアパートを借り、そこから通勤している場合には、そこが住居となります。

　また、通常は家族の住む場所から通勤しているが、天災等でやむを得ず、会社近くのホテルに泊まる場合には、そのホテルが住居となります。

3 就業の場所

業務を開始し、または終了する場所

　一般的には、会社や工場などをいいますが、外勤業務に従事する労働者で、特定区域を担当し、区域内にある数カ所の用務先を受け持って自宅との間を往復している場合には、自宅を出てから最初の用務先が業務開始の場所となり、最後の用務先が業務終了の場所となります。

4 合理的な経路及び方法

移動を行う場合に、一般に労働者が用いると認められる経路及び方法

　通勤のために通常利用する経路が複数ある場合、それらはいずれも合理的な経路となります。また、交通事情により迂回した経路、マイカー通勤者が駐車場を経由して通る経路も合理的な経路となります。

　しかし、合理的な理由もなく著しく遠回りとなる経路は合理的な経路とはなりません。

　また、通常用いられる交通手段（電車、バス、自転車、自動車など）は、平常用いているかどうかにかかわらず、合理的な方法となります。

5 「業務の性質を有するもの」でないこと

　例えば、
・事業主の提供する専用交通機関（社有送迎バスなど）を利用して出退勤する場合の移動による災害
・緊急用務のため休日に呼び出しを受けて出勤する際の災害は、通勤災害ではなく「業務災害」となります。

3 逸脱・中断

　労働者が通勤のための移動の経路を逸脱したり、中断したりした場合は、その逸脱・中断の間及びその後の移動は、原則として、「通勤」とはなりません。

▶▶ 逸脱・中断の取扱いとその例外

> （逸　脱）とは……通勤の途中で、就業や通勤と関係のない目的で合理的な経路をそれること。
>
> （中　断）とは……通勤の経路上で通勤と関係のない行為を行うこと。
> 　　　　　　　　　具体的には通勤の途中で映画館に入る場合、飲食する場合などが該当します。

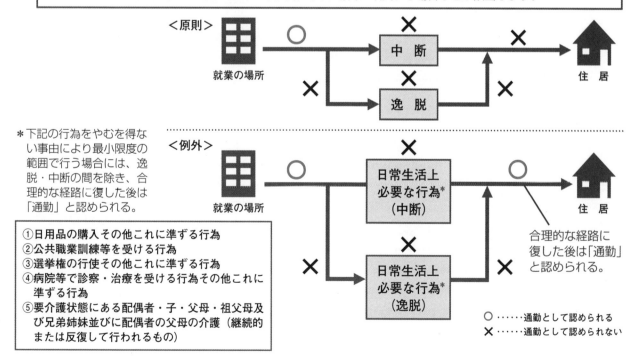

＊下記の行為をやむを得ない事由により最小限度の範囲で行う場合には、逸脱・中断の間を除き、合理的な経路に復した後は「通勤」と認められる。

①日用品の購入その他これに準ずる行為
②公共職業訓練等を受ける行為
③選挙権の行使その他これに準ずる行為
④病院等で診察・治療を受ける行為その他これに準ずる行為
⑤要介護状態にある配偶者・子・父母・祖父母及び兄弟姉妹並びに配偶者の父母の介護（継続的または反復して行われるもの）

合理的な経路に復した後は「通勤」と認められる。

〇……通勤として認められる
✕……通勤として認められない

5 労災保険給付の内容と手続

＊業務災害に対する保険給付の名称には「補償」が付きますが、複数業務要因災害及び通勤災害に対する保険給付の名称には「補償」は付きません。以下、業務災害の場合、複数業務要因災害の場合、通勤災害の場合の保険給付を総称して「○○（補償）等給付」と記載します。

1 療養（補償）等給付＊

労働者が業務または通勤によって負傷し、または疾病にかかって療養を必要とする場合、労災保険から療養補償給付（業務災害の場合）、複数事業労働者療養給付（複数業務要因災害の場合）または療養給付（通勤災害の場合）が支給されます。

> **療養の給付が原則**
> 　療養（補償）等給付は、療養の給付（現物給付）が原則です。
> 　療養の費用の支給（現金給付）が認められるのは、居住地や勤務地の近くに指定病院等がない場合や、その病院に療養に必要な設備や診療科がない場合などです。
> 　したがって、労働者の選択に委ねられているわけではありません。

```
療養の給付 ‥‥‥‥労災病院または労災保険指定医療機関（以下
　　　　　　　　　　「指定病院等」といいます）で直接、無料で
　　　　　　　　　　療養そのものを給付する。　　＜現物給付＞

療養の費用の支給 ‥‥‥‥指定病院等以外の医療機関や薬局等
　　　　　　　　　　　　で療養を受けた場合に、療養にかかっ
　　　　　　　　　　　　た費用を支給する。　　＜現金給付＞
```

「療養の給付」も「療養の費用の支給」も、給付の対象となる療養の範囲や期間は同じです。

1 療養の範囲

① 診察
② 薬剤または治療材料の支給
③ 処置、手術その他の治療
④ 居宅における療養上の管理及びその療養に伴う世話その他の看護
⑤ 病院または診療所への入院及びその療養に伴う世話その他の看護
⑥ 移送

> **通院費**
> 　原則として、被災労働者の居住地または勤務先から片道2km以上の通院であって、次のいずれかに該当する場合は、通院にかかった費用（電車・バスの運賃等）の実費相当額が労災保険から支給されます。
> ① 同一市町村内の適切な医療機関（傷病の診療に適した医療機関）へ通院したとき
> ② 同一市町村内に適切な医療機関がないため、隣接する市町村内の医療機関へ通院したとき
> ③ 同一市町村内にも隣接する市町村内にも適切な医療機関がないため、それらの市町村を超えた最寄りの医療機関へ通院したとき

2 療養を受けられる期間

傷病が治ゆし、療養を必要としなくなるまで。

> **治ゆ**
> 　労災保険にいう「治ゆ」とは、いわゆる完治した状態だけではなく、傷病の症状が安定し、医学上一般に認められた医療を行ってもその医療効果が期待し得ない状態（症状固定）となった場合をいいます。このような「傷病の症状が投薬・理学療法等の治療により一時的な回復がみられるにすぎない場合」など症状が残ることがありますが、医療効果が期待できないと判断される場合には、労災保険では「治ゆ」（症状固定）として、療養（補償）等の給付は行われません。その後は、残った障害の程度により障害（補償）等給付などが行われます。
> 　なお、労災保険には、せき髄損傷、頭頸部外傷症候群等、慢性肝炎などの傷病に罹患した場合は、後遺症状の変化や後遺障害に付随する疾病の発症を予防するなどの目的で診察等を行う「アフターケア」の制度（☞53頁参照）もあります。

3 請求の手続

【療養の給付を請求する場合】

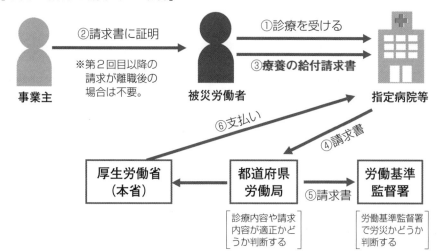

被災労働者は、指定病院等を経由して、所轄の労働基準監督署へ請求書を提出する。

＜様式＞

業務災害　複数業務要因災害

「療養補償給付及び複数事業労働者療養給付たる療養の給付請求書」（様式5号）

通勤災害

「療養給付たる療養の給付請求書」（様式16号の3）

【療養の費用を請求する場合】

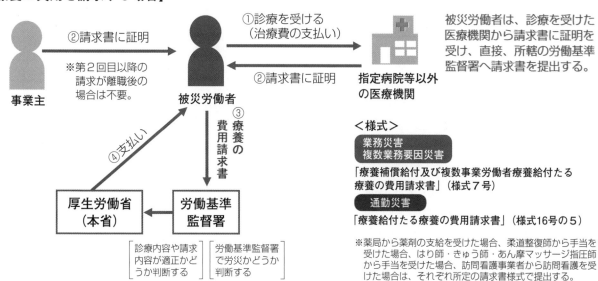

被災労働者は、診療を受けた医療機関から請求書に証明を受け、直接、所轄の労働基準監督署へ請求書を提出する。

＜様式＞

業務災害　複数業務要因災害

「療養補償給付及び複数事業労働者療養給付たる療養の費用請求書」（様式7号）

通勤災害

「療養給付たる療養の費用請求書」（様式16号の5）

※薬局から薬剤の支給を受けた場合、柔道整復師から手当を受けた場合、はり師・きゅう師・あん摩マッサージ指圧師から手当を受けた場合、訪問看護事業者から訪問看護を受けた場合は、それぞれ所定の請求書様式で提出する。

【療養の給付を受ける病院を変更しようとするとき】

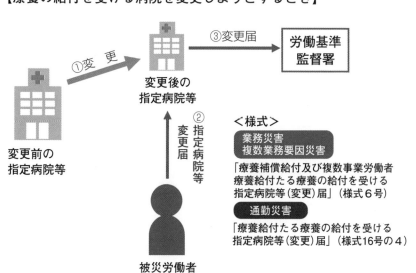

＜様式＞

業務災害　複数業務要因災害

「療養補償給付及び複数事業労働者療養給付たる療養の給付を受ける指定病院等（変更）届」（様式6号）

通勤災害

「療養給付たる療養の給付を受ける指定病院等（変更）届」（様式16号の4）

健康保険で治療を受けた場合

　労災であるのに、健康保険で治療を受けてしまった場合は、まず、受診した病院で、健康保険から労災保険への切り替えができるかどうかを確認します。

　切り替えができない場合は、いったん医療費の全額を負担したうえで、労災保険に請求することになります。

　具体的には、全国健康保険協会へ労災である旨を申し出て、「負傷原因報告書」を提出します。その後、同協会から医療費返納の通知と納付書が届いたら、返納金を支払い、領収書を添付のうえ改めて労災の療養の費用請求書を労働基準監督署へ提出してください。

様式第5号（表面）　労働者災害補償保険
業務災害用
複数業務要因災害用
療養補償給付及び複数事業労働者
療養給付たる療養の給付請求書

裏面に記載してある注意
事項をよく読んだ上で、
記入してください。

標　準　字　体	0 1 2 3 4 5 6 7 8 9 ゛ ゜ ー
	ア イ ウ エ オ カ キ ク ケ コ サ シ ス セ ソ タ チ ツ テ ト ナ ニ ヌ
	ネ ノ ハ ヒ フ ヘ ホ マ ミ ム メ モ ヤ ユ ヨ ラ リ ル レ ロ ワ ン

標準字体で記入してください。

※帳票種別　**3 4 5 9 0**

①管轄局署

②業通別　**1**　1業3通

③保留

⑥処理区分

④受付年月日　※　元号　年　月　日

⑤労働保険番号　府県 所掌 管轄　基幹番号　枝番号
× × 1 0 2 0 0 0 0 1 2 3 0 0 0

年金証書番号記入欄

㉓兼業　※

⑦支給・不支給決定年月日　※　元号　年　月　日

⑧性別　**1**　1男 3女　1明治 3大正 5昭和 7平成 9令和

⑨労働者の生年月日　元号 年 月 日　**5 3 6 8 2 6**

⑩負傷又は発病年月日　元号 年 月 日　**9 0 4 0 7 2 9**

1〜9年は右へ　1〜9月は右へ　1〜9日は右へ　1〜9年は右へ　1〜9月は右へ　1〜9日は右へ

㉔請求　※

⑪再発年月日　※　元号　年　月　日

⑫労働者の　シメイ（カタカナ）：姓と名の間は1文字あけて記入してください。濁点・半濁点は1文字として記入してください。
ヤ マ ダ　シ ロ ウ

㉕複災　※

⑬三者　1自 3労 5他

⑭特疾　1特定 疾病

⑮特別加入者

氏名　**山田　二郎**　（60歳）

⑯郵便番号　**× × × － × × × ×**
フリガナ　シ　チョウ
住所　**○○市○○町50**

⑰負傷又は発病の時刻　午前 午後 **10**時 **40**分頃

⑱災害発生の事実を確認した者の職名、氏名
職名　**次長**
氏名　**高橋　正男**

職種　**営業・経理事務**

⑲災害の原因及び発生状況　（あ）どのような場所で（い）どのような作業をしているときに（う）どのような物又は環境に（え）どのような不安全な又は有害な状態があって（お）どのような災害が発生したか（か）⑩と初診日が異なる場合はその理由を詳細に記入すること

事務所にて、配達された郵便物を開封、仕分け作業をしているときに、封筒を
開けるために使用していたカッターナイフがすべり、封筒を持っていた左手の
人さし指に当たって指を切ってしまった。事務所で消毒し、テープを貼って仕
事を続けたが、夜になっても痛みと腫れがひかなかったので翌日受診した。

⑳指定病院等の　名称　**大原病院**　電話（△△△）× × × － ○○○○
所在地　**○○市○○町90**　〒× × × － × × × ×

㉑傷病の部位及び状態　**左示指切創**

⑫の者については、⑩、⑰及び⑲に記載したとおりであることを証明します。　**令和4年 8月 1日**

事業の名称　**○× 商工（株）**　電話（△△△）× × × － ○○○○

事業場の所在地　**○○市○○町9-50**　〒× × × － × × × ×

事業主の氏名　**代表取締役　○×　△夫**

（法人その他の団体であるときはその名称及び代表者の氏名）
労働者の所属事業　**○× 商工（株）○○町支店**
場の名称・所在地　**○○市○○町10-7**　電話（△△△）× × × － ○○○○

（注意）　1　労働者の所属事業場の名称・所在地については、労働者が直接所属する事業場が一括適用の取扱いを受けている場合に、労働者が直接所属する支店、工事現場等を記載してください。
2　派遣労働者について、療養補償給付又は複数事業労働者療養給付のみの請求がなされる場合にあっては、派遣先事業主は、派遣元事業主が証明する事項の記載内容が事実と相違ない旨裏面に記載してください。

上記により療養補償給付又は複数事業労働者療養給付たる療養の給付を請求します。　**令和4年 8月 3日**

○○ 労働基準監督署長 殿

病院
診療所
薬局　経由
訪問看護事業者
大原

〒× × × － × × × ×　電話（△△△）× × × － ○○○○
請求人の　住所　**○○市○○町50**　（　　　方）
氏名　**山田　二郎**

支不支給決定決議書	署　長	副署長	課　長	係　長	係	決定年月日	・　・	不支給の理由
	調査年月日	・　・		・　・		・　・		
	復命書番号	第　　号	第　　号		第　　号			

この欄は記入しないでください。

※印の欄は記入しないでください。（職員が記入します。）

折り曲げる場合には（◀）の所を谷に折りさらに2つ折りにしてください。

様式第6号（表面）

労働者災害補償保険

療養補償給付及び複数事業労働者療養給付たる療養の給付を受ける指定病院等（変更）届

○○　労働基準監督署長　殿　　　　　　　　　　　　　　　　令和4年　7月22日

長尾	病院 診療所 薬局 訪問看護事業者	経由

〒×××－××××

電話（△△△）　×××－○○○○

届出人の　住　所　　○○市○○町21　　　　　　　　　　　　　　方

　　　　　　氏　名　　田中　裕司

下記により療養補償給付及び複数事業労働者療養給付たる療養の給付を受ける指定病院等を（変更するので）届けます。

①　労　働　保　険　番　号					③ 労 働 者 の	氏　名	田中裕司　　（男）・女	④負傷又は発病年月日
府県	所掌	管轄	基幹番号	枝番号				令和 4 年 7 月 1 日
××	1	02	19180	00		生年月日	昭和46年　6月26日（51歳）	
②　年　金　証　書　の　番　号						住　所	○○市○○町21	午前 （後）　3時45分頃
管轄局	種別	西暦年	番　号			職　種	倉庫内作業員	

⑤　災害の原因及び発生状況　　（あ）どのような場所で（い）どのような作業をしているときに（う）どのような物又は環境に（え）どのような不安全な又は有害な状態があって（お）どのような災害が発生したかを簡明に記載すること。

労働物産内の倉庫から木箱（80×50×20cm）を運び出す際に、
階段から足を踏みはずし、約1.5m下に転落し、胸部を打撲した。

③の者については、④及び⑤に記載したとおりであることを証明します。

令和4年　7月17日

事業の名称　労働物産株式会社
〒×××－××××　電話（△△△）×××－○○○○
事業場の所在地　○○市○○町9-50
事業主の氏名　代表取締役社長　山本　敬
（法人その他の団体であるときはその名称及び代表者の氏名）

⑥ 指 定 病 院 等 の 変 更	変　更　前　の	名　称	工藤病院	労災指定 医番号
		所在地	○○市○○本町3-2	〒　－
	変　更　後　の	名　称	長尾病院	
		所在地	○○市○○町390	〒　－
	変　更　理　由		通院治療のため、自宅からの距離が近い病院 に変更。	
⑦	傷病補償年金又は複数事業労働者傷病年金の支給を受けることとなった後に療養の給付を受けようとする指定病院等の	名　称		
		所在地		〒　－
⑧	傷　病　名		右胸部打撲及び鎖骨、第5、6肋骨骨折	

■ 様式第7号（1）（表面）　労働者災害補償保険
　業務災害用
　複数業務要因災害用　　　　　　　　第　　回
療養補償給付及び複数事業労働者療養給付たる療養の費用請求書（同一傷病分）

標準字体：0123456789ﾞﾟ。ー
アイウエオカキクケコサシスセソタチツテトナニヌ
ネノハヒフヘホマミムメモヤユヨラリルレロワン

※ 帳票種別 `34260`　①管轄局署　②業通別 `1`（1業 3通）　⑧受付年月日　⑩三者コード　⑪委任未支給　⑫特別加入者　⑬審査コード

③労働保険番号　府県 `××` 所掌 `1` 管轄 `024` 基幹番号 `560110` 枝番号 `000`
④年金証書の番号

⑤労働者の性別 `1`（1男 3女）
⑥労働者の生年月日 元号 `5` `420425`（明治1大正3昭和5平成7令和9）
⑦負傷又は発病年月日 元号 `9` `040707`

⑨労働者の
シメイ（カタカナ）：オオヤマ　ヒデオ
氏名：大山 秀夫 （55歳）　職種：建設作業員
住所：郵便番号 ×××−××××　○○市○○町50

新規・変更　振込を希望する金融機関の名称：○○ △△　口座名義人：大山秀夫

⑯預金の種類 `1`（1普通 3当座）
⑰口座番号：`0121984`
⑱メイギニン（カタカナ）：オオヤマ　ヒデオ
⑲（つづき）メイギニン（カタカナ）

⑨の者については、⑦並びに裏面の（ヌ）及び（ヲ）に記載したとおりであることを証明します。

令和4年8月8日
事業の名称　有限会社高橋建材　　電話（△△△）×××−○○○○
事業場の所在地　○○市○○町3-8　〒×××−××××
事業主の氏名　代表取締役社長　高橋 清
（法人その他の団体であるときはその名称及び代表者の氏名）

（注意）派遣労働者について、療養補償給付又は複数事業労働者療養給付のみの請求がなされるときは、派遣先事業主は、派遣元事業主が証明する事項の記載内容が事実と相違ない旨裏面に記載してください。

医師又は歯科医師等の証明
療養の内容 （イ）期間 令和4年7月7日から令和4年7月31日まで 25日間　診療実日数 8日
（ロ）傷病の部位及び傷病名　右手小指挫創
（ハ）傷病の経過の概要　挫創に対する治療も経過良好
令和4年7月31日 治癒（症状固定）・継続中・転医・中止・死亡

⑨の者については、（イ）から（ニ）までに記載したとおりであることを証明します。
令和4年8月5日　〒×××−××××
病院又は診療所の所在地　○○市○○町190
名称　長尾医院　電話（△△△）×××−○○○○
診療担当者氏名　長尾 信

（ニ）療養の内訳及び金額（内訳裏面のとおり。）　`23450`円
（ホ）看護料　年　月　日から　年　月　日まで　日間（看護師の資格の有・無）
（ヘ）移送費　から　まで　片道・往復　キロメートル　回
（ト）上記以外の療養費（内訳別紙請求書又は領収書　枚のとおり。）
（チ）療養の給付を受けなかった理由　最寄りに労災指定病院がなかったため
⑳療養に要した費用の額（合計）`23450`円

㉑費用の種類（1診療 3看護 5移送 7装具 9その他）㉒療養期間の初日　㉓療養期間の末日　㉔診療実日数　㉕転帰事由（1治癒（症状固定）3継続 5転医 7中止 9死亡）

上記により療養補償給付又は複数事業労働者療養給付たる療養の費用の支給を請求します。

令和4年8月10日　〒×××−××××　電話（△△△）×××−○○○○
請求人の　住所 ○○市○○町50 （　方）
氏名　大山 秀夫
○○労働基準監督署長 殿

(リ) 労働者の所属事業場の名称・所在地	有限会社高橋建材 ○○市○○町3-8	(ヌ) 負傷又は発病の時刻 午前(後) 11時20分頃	(ル) 災害発生の事実を確認した者の	職名 現場主任
				氏名 阿部 一人

(ヲ)災害の原因及び発生状況　(あ)どのような場所で(い)どのような作業をしているときに(う)どのような物又は環境に(え)どのような不安全な又は有害な状態があって(お)どのような災害が発生したか(か)⑦と初診日が異なる場合はその理由を詳細に記入すること

マンション改築工事現場において建材を搬入時車輌から積み下ろそうとして
バランスをくずし、荷を落下させた際右手小指を挫創した。

療養の内訳及び金額

診療内容		点数(点)	診療内容	金額	摘要
初診	時間外・休日・深夜		初診	○○○円	
再診	外来診療料　×　回		再診　　回	○○○円	
	継続管理加算　×　回	○○	指導　　回	○○○円	
	外来管理加算　×　回		その他	円	
	時間外　×　回				
	休日　×　回		食事(基準　　)		
	深夜　×　回		円×　日間	円	
指導			円×　日間	円	
在宅	往診　　　回		円×　日間	円	
	夜間　　　回				
	緊急・深夜　回		小計　②	○○○円	
	在宅患者訪問診療　回				
	その他		摘要		
	薬剤　　　回				
投薬	内服　薬剤　　　単位				
	調剤　×　回				
	屯服　薬剤　　　単位				
	外用　薬剤　　　単位				
	調剤　×　回				
	処方　×　回				
	麻毒				
	調基				
注射	皮下筋肉内　　回				
	静脈内　　　回				
	その他　　　回				
処置	回				
	薬剤				
手術麻酔	○　回	○○			
	薬剤				
検査					
	薬剤				
画像診断	○　回	○○			
	薬剤				
その他	処方せん　　回				
	薬剤				
入院	入院年月日　　年　月　日				
	病・診・衣　入院基本料・加算				
	×　　日間				
	×　　日間				
	×　　日間				
	×　　日間				
	特定入院料・その他				
小計	××点　①　○○○○円		合計金額 ①+②	23,450円	

㉕その他就業先の有無

有 無	有の場合のその数 (ただし表面の事業場を含まない)	
		社
有の場合でいずれかの事業で特別加入している場合の特別加入状況(ただし表面の事業を含まない)	労働保険事務組合又は特別加入団体の名称	
	加入年月日　　年　月　日	
	労働保険番号(特別加入)	

(注意)

一、共通の注意事項
　事項を選択する場合には、該当する事項を○で囲むこと。

二、(イ)(ロ)(ハ)(二)をした者については、労働者の直接所属する支店、工事現場等が一括適用の取扱いを受けている場合に、労働者の直接所属する事業場の期間をも算入すること。(ホ)(ヘ)(リ)については、その費用についての明細書及び看護移送等の費用についての明細書を添えること。
傷病補償年金又は複数事業労働者傷病年金の受給権者が当該傷病に係る療養の費用を請求する場合の注意事項
傷病補償年金又は複数事業労働者傷病年金の受給権者が当該傷病に係る療養の費用を請求する場合には、最終の投薬の期間をも算入すること。

三、(リ)(ル)及び(ヲ)について
　(イ)に、労働者の直接所属する事業場が一括適用の取扱いを受けている場合に、災害発生の事実を確認した者が多数あるときは最初に発見した者を記載すること。
③、⑥、(ル)及び(ヲ)から(ヲ)までは記載する必要がないこと。
(ル)及び(ヲ)は、第二回以後の請求の場合には記載する必要がないこと。

(一)初診の場合を除き、第二回以後の請求の場合には記載する必要がないこと。
(二)傷病補償年金又は複数事業労働者傷病年金の受給権者が当該傷病に係る療養の費用を請求する場合以外の場合の注意事項
(三)事業主の証明は受ける必要がないこと。
(四)事業主の証明は受ける必要がないこと。

四、複数事業労働者療養給付の請求は、療養補償給付の支給決定がなされた場合、遡って請求されなかったものとみなすこと。

五、㉕「その他就業先の有無」欄の記載がない場合又は複数就業していない場合は、複数事業労働者療養給付の請求はないものとして取り扱うこと。

六、疾病に係る請求の場合、脳・心臓疾患、精神障害及びその他二以上の事業の業務を要因とすることが明らかな疾病以外は、療養補償給付のみで請求されることとなること。

派遣先事業主証明欄	派遣元事業主が証明する事項(表面の⑦並びに(ヌ)及び(ヲ)の記載内容について事実と相違ないことを証明します。		
	年　月　日	事業の名称	電話(　　)　―
		事業場の所在地	〒　―
		事業主の氏名	
		(法人その他の団体であるときはその名称及び代表者の氏名)	

社会保険労務士記載欄	作成年月日・提出代行者・事務代理者の表示	氏　名	電話番号
			(　　)　―

2 休業（補償）等給付

　労働者が業務または通勤を原因とする負傷・疾病の療養のため労働することができず、そのために賃金を受けていないとき、**賃金を受けない日の第4日目から休業補償給付**（業務災害の場合）、複数事業労働者休業給付（複数業務要因災害の場合）または休業給付（通勤災害の場合）、そして休業特別支給金が支給されます（以下、「休業（補償）等給付」という）。

1 支給要件

　休業（補償）等給付の支給要件は次のとおりです。

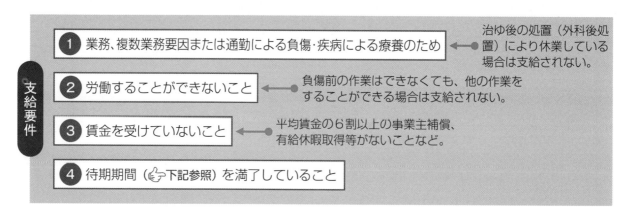

治ゆ後の処置（外科後処置）により休業している場合は支給されない。

負傷前の作業はできなくても、他の作業をすることができる場合は支給されない。

半均賃金の6割以上の事業主補償、有給休暇取得等がないことなど。

> 📖 **待期期間**
> 　休業開始から3日間については、「待期期間」とされ、休業（補償）等給付は支給されません。この待期期間制度は、健康保険における傷病手当金の取扱いに準じて設けられたものです。
> 　ただし、業務災害については、本来事業主が労働者に対して災害補償責任（労働基準法第75条以下）を負っています。労災保険制度は、事業主の資力等にかかわらず、被災労働者が確実に補償を受けられるよう、事業主から徴収した保険料を財源として国が事業主に代わって補償を行うものですから、本来的な事業主責任が保険制度によって消滅するわけではありません。したがって、待期期間の3日間については、労災保険からの給付はありませんが、使用者の休業補償義務について定める労働基準法第76条の規定に基づき、平均賃金の60%が使用者から支払われるという仕組みになります。
> 　一方、複数等業務要因災害・通勤災害の場合も、休業給付の待期期間はありますが、この3日間については使用者による法令上の規定はありません。

2 支給額

　休業（補償）等給付は、休業1日につき、給付基礎日額（労働基準法第12条の平均賃金相当額。☞次頁の枠内参照）の100分の60とされています。このほか、社会復帰促進等事業（☞52頁参照）から「休業特別支給金」として、給付基礎日額の100分の20が上乗せされます。

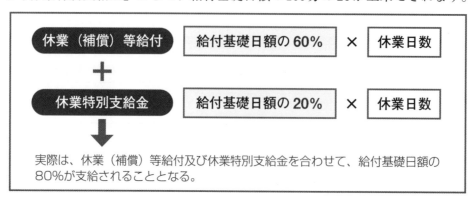

＜一部休業の場合の計算方法＞

　１日のうち、ある部分就業し、他の部分は療養のために休業する場合（一部休業の場合）の休業（補償）等給付は、給付基礎日額から当該労働に対して支払われる賃金の額を控除して得た額の60％に相当する額となります。

（例）

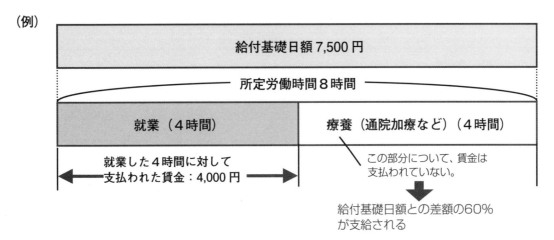

　　　休業（補償）等給付の額 ＝（給付基礎日額7,500円 − 支払われた賃金4,000円）× 60％
　　　　　　　　　　　　　 ＝ 2,100円

　＊休業特別支給金〔（7,500円−4,000円）×20％〕が加算されると、この日の支給額は2,800円となる。

📖 給付基礎日額

　労災保険の保険給付は、休業（補償）等給付、障害（補償）等給付、遺族（補償）等給付など、そのほとんどが現金給付です。そして、これら現金による保険給付の算定ベースとなるのが「給付基礎日額」です。この給付基礎日額について、労災保険法では、「労働基準法第12条の平均賃金に相当する額とする」と定めています（同法第8条第1項）。

　なお、複数事業労働者の給付基礎日額については、原則、複数就業先に係る給付基礎日額に相当する額を合算した額となります。

＜含まれる＞	＜含まれない＞
・基本給　　・現物給与 ・通勤手当　・家族手当 ・残業手当　　　　　等	①臨時に支払われた賃金 　（結婚祝い金、加療見舞金等） ②3か月を超える期間ごとに支払われる賃金（年2回の賞与など） ③労働基準法第24条に違反する現物給与 　　　　　　　　　　　　　　　　　等

【原則的な給付基礎日額の計算式】

$$給付基礎日額（原則） = \frac{算定事由発生日の直前の賃金締切日以前3か月間の\ \boxed{賃金の総額}}{算定事由発生日の直前の賃金締切日以前3か月間の\ \boxed{総暦日数}}$$

業務または通勤による負傷・死亡の原因となった事故が発生した日、または医師の診断により業務上の疾病にかかったことが確定した日

次の日数またはその期間中の賃金を除いて計算する。
①　業務上の傷病による療養のために休業した期間
②　産前産後の休業期間
③　使用者の都合で休業した期間
④　育児・介護休業法により育児休業または介護休業をした期間
⑤　試みの使用期間

⚠ 日給制・時間給制・請負制の場合の最低保障額

　日給制、時間給制、出来高払制などの請負制の場合には、3か月間の賃金の総額をその3か月間の労働日数で除した金額の60％が最低保障額とされています。通常の計算方法により算出した額と比べ、いずれか高いほうが給付基礎日額となります。

⚠ 給付基礎日額の特例

　私傷病による休業の場合、じん肺の場合、船員の場合などについては、給付基礎日額の算定方法の特例が定められています。

給付基礎日額のスライド、最低限度額と最高限度額

　労災保険の保険給付は、長期にわたって行われる場合があるため、給付基礎日額を賃金水準の変動に合わせて増減させる（スライド改定）こととされています。

　休業（補償）等給付の額の算定の基礎となる「休業給付基礎日額」は、賃金水準（厚生労働省が作成する「毎月勤労統計」における労働者1人当たり1か月平均給与額）が四半期で±10％を超えて変動した場合に、その変動率に応じて増減（スライド）されます。また、療養開始後1年6か月を経過した場合は、5歳きざみに設けられた年齢階層別の最低・最高限度額が適用されます。

　また、年金としての保険給付（傷病（補償）等年金、障害（補償）等年金、遺族（補償）等年金）の額の算定の基礎となる「年金給付基礎日額」は、毎年、前年度と比較した賃金水準の変動率に応じて増減（スライド）されます。年金給付基礎日額については、年金が支給される最初の月から、年齢階層別の最低・最高限度額が適用されます。

3　支給期間

　休業第4日目から、休業日が継続していると断続しているとにかかわらず、実際の休業日について休業の続く間支給されます。

4　一部負担金

　通勤災害により療養給付を受ける場合は、初回の休業給付から一部負担金として200円（日雇特例被保険者については100円）が減額されます。

5　請求の手続

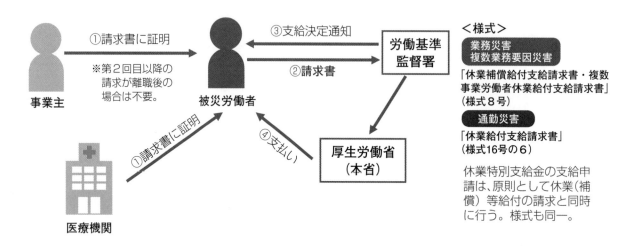

■ 様式第8号（表面）

労働者災害補償保険
休業補償給付支給請求書
複数事業労働者休業給付支給請求書
休業特別支給金支給申請書（同一傷病分）

第 1 回

業務災害用
複数業務要因災害用

標 準 字 体	0 1 2 3 4 5 6 7 8 9 ゛ ゜ ー
	ア イ ウ エ オ カ キ ク ケ コ サ シ ス セ ソ タ チ ツ テ ト ナ ニ ヌ
	ネ ノ ハ ヒ フ ヘ ホ マ ミ ム メ モ ヤ ユ ヨ ラ リ ル レ ロ ワ ン

※帳票種別 **3 4 3 6 0**　①管轄局署　③新継再別　元号 受付年月日　年　月　日　⑧業通別 **1**　⑨三者コード　⑩日雇コード　⑪特別加入者

⑰平均賃金　十万 万 千 百 十 円　・　十 銭　⑱特別給与の額　千万 百万 十万 万 千 百 十 円　⑬日数査定　⑭特支コード　⑮委任未支給　⑯特別コード

② 労働保険番号
府県 × × 所掌 1 管轄 1 2 1 基幹番号 1 6 0 2 2 0 0 0 枝番号

⑤労働者の性別 （1男 2女）**1**

⑥労働者の生年月日 **5 5 6 1 1 0 7**

⑫労働者氏名　シメイ（カタカナ）：姓と名の間は1文字あけて記入してください。濁点・半濁点は1文字として記入してください。
ミ ズ シ マ 　 リ ョ ウ タ
水島　亮太　　（ 40 歳）

⑦負傷又は発病年月日 **9 0 4 0 7 1 5**

労働者の住所
⑰郵便番号 **× × × - × × × ×**　○○市□□町 1-2-3

⑲療養のため労働できなかった期間
9 0 4 0 7 1 5 から **9 0 4 0 7 3 1** まで **1 7** 日間のうち
⑳賃金を受けなかった日の数（内訳別紙2のとおり。） **1 7** 日

下の欄の㉓、㉔、㉕、㉖欄は、口座を新規に届け出る場合又は届け出た口座を変更する場合のみ記入してください。

新規・変更

㉓預金の種類 （1普通 3当座）**1**　㉔口座番号 **1 2 3 4 5 6 7**

振込を希望する金融機関の名称
○○　（銀行 金庫 農協 漁協 信組）
△△　（本店 本所 出張所 支店 支所）

メイギニン（カタカナ）：姓と名の間は1文字あけて記入してください。濁点・半濁点は1文字として記入してください。
ミ ズ シ マ 　 リ ョ ウ タ
（つづき）メイギニン（カタカナ）

口座名義人　水島亮太

㉑金融機関コード　金融機関　店舗
㉒郵便局コード

⑫の者については、⑦、⑲、⑳、㉜から㉟まで（㊳の（ハ）を除く。）及び別紙2に記載したとおりであることを証明します。

令和4年 8月 5日
事業の名称　株式会社○○工業　電話（△△△）×××-○○○○
事業場の所在地　○○市△△町 1-2　〒×××-××××
事業主の氏名　代表取締役　神崎　雄大
（法人その他の団体であるときはその名称及び代表者の氏名）
労働者の直接所属事業場名称所在地　電話（　）　-

（注意）
1. ㊳の（イ）及び（ロ）については、⑫の者が厚生年金保険の被保険者である場合に限り証明してください。
2. 労働者の直接所属事業場所在地については、労働者が直接所属する事業場が一括適用の取扱いを受けている場合に、労働者が直接所属する支店、工事現場等を記載してください。

1回目の請求書には、必ず記入してください。
（死傷病報告提出年月日）令和4年 7月 19日

診療担当者の証明

㉘傷病の部位及び傷病名	左腓骨下端部骨折		
㉙療養の期間	令和4年 7月15日から令和4年 7月31日まで	17 日間	診療実日数 15 日
傷病の経過	㉚療養の現況 令和4年 7月31日　治癒（症状固定）・死亡・転医・中止・（継続中）		
	㉛療養のため労働することができなかったと認められる期間 令和4年 7月15日から 令和4年 7月31日まで 17 日間のうち 17 日		

⑫の者については、㉘から㉛までに記載したとおりであることを証明します。
令和4年 8月 3日　〒 ×××-××××　電話（△△△）×××-○○○○

病院又は診療所の　所在地　○○市△△町 3-12
名称　川島医院
診療担当者氏名　川島　洋一郎

上記により 休業補償給付又は複数事業労働者休業給付 の支給を請求します。
休業特別支給金 の支給を申請

令和4年 8月10日　〒 ×××-××××　電話（△△△）×××-○○○○
請求人の申請人の 住所 ○○市□□町 1-2-3 （　　方）
氏名　水島　亮太

○○労働基準監督署長　殿

（注意）
一、□□で表示された枠（以下「記入枠」という。）に記入する文字は、光学式文字読取装置（OCR）で直接読取りを行うので、汚したり、穴をあけたり、必要以上に強く折り曲げたり、のりづけしたりしないでください。
二、記入すべき事項のない欄又は記入枠は、空欄のままとし、事項を選択する場合には該当事項を○で囲んでください。
三、記入枠の部分は、必ず黒のボールペンを使用し、様式右上に記載された「標準字体」にならって、枠からはみださないように大きめのカタカナ及びアラビア数字で明瞭に記載してください。ただし、⑤及び㉓欄並びに⑥、⑦及び⑲欄の元号については該当番号を記入枠に記入してください。

※印の欄は記入しないでください。（職員が記入します。）
◎裏面の注意事項を読んでから記入してください。
折り曲げる場合には（◀）の所を谷に折りさらに2つ折りにしてください。

〔注　意〕

㉜　労働者の職種	㉝負傷又は発病の時刻		㉞平均賃金（算定内訳別紙1のとおり）	
トラック運転手	午前・午後	1 時 30 分頃	11,659 円	34 銭

㉟所定労働時間	午前・午後 8 時 30 分から午前・午後 5 時 00 分まで	㊱休業補償給付額、休業特別支給金額の改定比率	平均給与額証明書のとおり

㊲災害の原因、発生状況及び発生当日の就労・療養状況　（あ）どのような場所で（い）どのような作業をしているときに（う）どのような物又は環境に（え）どのような不安全な又は有害な状態があって（お）どのような災害が発生したか（か）⑦と初診日と災害発生日が同じ場合は当日所定労働時間内に通院したか、⑦と初診日が異なる場合はその理由を詳細に記入すること

当社第2倉庫入口で18リットル入りの白灯油缶を倉庫に入れて保管するために、トラックの荷台から両手でかかえて一缶ずつ運搬中、コンクリートの床面にこぼれていた油で足をすべらせ、灯油缶を足に落とし、左足腓骨下端部を骨折した。

㊳等の受給関係厚生年金保険	（イ）基礎年金番号			（ロ）被保険者資格の取得年月日		年　月　日	
	（ハ）当該傷病に関して支給される年金の種類等	年金の種類		厚生年金保険法の	イ　障害年金　ロ　障害厚生年金		
				国民年金法の	ハ　障害年金　ニ　障害基礎年金		
				船員保険法の	ホ　障害年金		
		障害等級					級
		支給される年金の額					円
		支給されることとなった年月日			年　　月　　日		
		基礎年金番号及び厚生年金等の年金証書の年金コード					
		所轄年金事務所等					

複数の事業場で就業している場合、㊴「その他の就業先の有無」欄が追加されていますので、必ず記入が必要です（記載例は34頁を参照）。

㊴その他就業先の有無		
有 無	有の場合のその数（ただし表面の事業場を含まない）	社
	有の場合でいずれかの事業で特別加入している場合の特別加入状況（ただし表面の事業を含まない）	労働保険事務組合又は特別加入団体の名称
		加入年月日　　　　年　月　日
		給付基礎日額　　　　　　　円
	労働保険番号（特別加入）	

社会保険労務士記載欄	作成年月日・提出代行者・事務代理者の表示	氏　　名	電話番号
			（　）－

右側注意事項（縦書き）：

一、㊳所定労働時間後に負傷した場合には、当該負傷した日を除いて記載してください。⑲及び⑳欄については、当

二、別紙1は、⑲及び⑳欄については、その期間及びその期間中に受けた賃金の額を算定基礎から控除して算定した平均賃金に相当する額を超える場合は、⑭欄に記載してください。控除する期間及び賃金の内訳を別紙1（平均賃金算定内訳）に記載してください。この場合は、⑭欄の平均賃金に相当する額を記載してください。

三、別紙2は、⑳欄の「賃金を受けなかった日」のうちに業務上の負傷又は疾病による療養のため所定労働時間のうちその一部分について労働した日（別紙2において「一部休業日」という。）が含まれる場合に限り添付してください。

四、別紙3は、㊴欄の「その他就業先の有無」で「有」に〇を付けた場合に、その他就業先ごとに記載してください。その際、その他就業先ごとに注意二及び三の規定に従って記載した別紙1及び別紙2を添付してください。

五、請求人（申請人）が災害発生事業場で特別加入者であるときは、⑦、⑲、⑳、㉝欄には、その者の給付基礎日額で特別加入者した別紙1及び別紙2欄、⑭、㉟及び㊲欄の事項を記載してください。この場合は、㊲欄の事項を証明することができる書類その他の資料を添付してください。事業主の証明は受ける必要はありません。

六、第二回目以後の請求（申請）の場合には、⑲、⑳及び㉛欄については、前回の請求又は申請後の分について記載してください。

（一）㉜から㉟欄まで及び㊲欄は記載する必要はありません。

（二）⑲、⑳、㉘及び㉛欄については、前回の請求又は申請後の分について記載してください。

（三）別紙1（平均賃金算定内訳）は付する必要はありません。

（四）その請求（申請）が離職後である場合（療養のために労働できなかった期間の全部又は一部が離職前にある場合を除く。）には、事業主の証明は受ける必要はありません。

七、休業特別支給金の支給の申請のみを行う場合には、㊳欄は記載する必要はありません。

八、複数事業労働者休業給付の請求は、休業補償給付の支給決定がなされた場合、遡って請求されなかったものとみなされます。

九、「その他就業先の有無」欄の記載がない場合又は複数就業していない場合は、複数事業労働者休業給付の請求はないものとして取り扱います。

十、疾病に係る請求の場合、脳・心臓疾患、精神障害及びその他二以上の事業の業務を要因とすることが明らかな疾病以外は、休業補償給付のみで請求されることとなります。

様式第8号（別紙1）　（表面）

労　働　保　険　番　号					氏　　　　名	災害発生年月日

府県	所掌	管轄	基幹番号	枝番号	水島　亮太	令和4年　7月15日
××	1	12	116022	000		

平均賃金算定内訳

（労働基準法第12条参照のこと。）

雇入年月日	平成16年　4月　1日	常用・日雇の別	常用・日雇
賃金支給方法	月給・週給・日給・時間給・出来高払制・その他請負制	賃金締切日	毎月　末　日

		賃金計算期間	4月　1日から 4月30日まで	5月　1日から 5月31日まで	6月　1日から 6月30日まで	計
A	月・週その他一定の期間によって支払ったもの	総　日　数	30 日	31 日	30 日	(イ) 91 日
		賃金 基本賃金	300,000円	300,000円	300,000円	900,000円
		手当	12,000	12,000	12,000	36,000
		手当	10,000	10,000	10,000	30,000
		計	322,000円	322,000円	322,000円	(ロ) 966,000円
B	日若しくは時間又は出来高払制その他の請負制によって支払ったもの	賃金計算期間	4月　1日から 4月30日まで	5月　1日から 5月31日まで	6月　1日から 6月30日まで	計
		総　日　数	30 日	31 日	30 日	(イ) 91 日
		労　働　日　数	21 日	22 日	21 日	(ハ) 64 日
		賃金 基本賃金	円	円	円	円
		残業手当	35,000	27,000	33,000	95,000
		手当				
		計	35,000円	27,000円	33,000円	(ニ) 95,000円
総		計	357,000円	349,000円	355,000円	(ホ) 1,061,000円

平　均　賃　金	賃金総額(ホ)1,061,000円÷総日数(イ) 91 = 11,659 円 34 銭

最低保障平均賃金の計算方法
Aの(ロ)　966,000 円÷総日数(イ) 91 = 10,615 円 38 銭(ヘ)
Bの(ニ)　95,000 円÷労働日数(ハ) 64 × $\frac{60}{100}$ = 890 円 63 銭(ト)
(ヘ) 10,615 円38銭+(ト) 890 円63銭 = 11,505 円 01 銭(最低保障平均賃金)

日日雇い入れられる者の平均賃金（昭和38年労働省告示第52号による。）	第1号又は第2号の場合	賃金計算期間	(ぬ)労働日数又は労働総日数	(る)賃金総額	平均賃金(る÷ぬ)×$\frac{73}{100}$)
		月　日から 月　日まで	日	円	円　銭
	第3号の場合	都道府県労働局長が定める金額			円
	第4号の場合	従事する事業又は職業			
		都道府県労働局長が定めた金額			円

漁業及び林業労働者の平均賃金（昭和24年労働省告示第5号第2条による。）	平均賃金協定額の承認年月日　　年　月　日　職種　　　　　平均賃金協定額　　　　　円

①　賃金計算期間のうち業務外の傷病の療養等のため休業した期間の日数及びその期間中の賃金を業務
　　上の傷病の療養のため休業した期間の日数及びその期間中の賃金とみなして算定した平均賃金
　　（賃金の総額(ホ)－休業した期間にかかる②の(リ)）　÷　（総日数(イ)－休業した期間②の(チ)）
　　（　　　　　　円－　　　　　　円）÷（　　　　日－　　　　日）＝　　　　円　　　銭

①表面、②裏面、③（別紙1）、④（別紙3）の必要事項を記載します。
①表面（☞31頁参照）
②裏面（下記参照）

様式第8号（裏面）

〔注　意〕

㉜ 労働者の職種	㉝負傷又は発病の時刻	㉞平均賃金（算定内訳別紙1のとおり）	
トラック運転手	午前（後） 1 時30分頃	11,659 円 34 銭	

㉟所定労働時間	午前（後） 8 時30分から午前（後） 5 時00分まで	㊱休業補償給付額、休業特別支給金額の改定比率	平均給与額証明書のとおり

㊲災害の原因、発生状況及び発生当日の就労・療養状況　（あ）どのような場所で（い）どのような作業をしているときに（う）どのような物又は環境に（え）どのような不安全な又は有害な状態があって（お）どのような災害が発生したか（か）⑦と初診日と災害発生日が同じ場合は当日所定労働時間内に通院したか、⑦と初診日が異なる場合はその理由を詳細に記入すること

当社第2倉庫入口で18リットル入りの白灯油缶を倉庫に入れて保管するために、トラックの荷台から両手でかかえて一缶ずつ運搬中、コンクリートの床面にこぼれていた油で足をすべらせ、灯油缶を足に落とし、左足腓骨下端部を骨折した。

㊳等の受給関係厚生年金保険	（イ）基礎年金番号		（ロ）被保険者資格の取得年月日		年　月　日	
	（ハ）当該傷病に関して支給される年金の種類等	年　金　の　種　類	厚生年金保険法の	イ 障害年金 ロ 障害厚生年金		
			国民年金法の	ハ 障害年金 ニ 障害基礎年金		
			船員保険法の	ホ 障害年金		
		障　害　等　級			級	
		支給される年金の額			円	
		支給されることとなった年月日		年　月　日		
		基礎年金番号及び厚生年金等の年金証書の年金コード				
		所轄年金事務所等				

> 複数事業労働者に関する注意書きが追加されていますので、よくご確認ください。

㊳その他就業先の有無	
有 有の場合のその数（ただし表面の事業場を含まない）	1 社
無	
有の場合でいずれかの事業で特別加入している場合の特別加入状況（ただし表面の事業を含まない）	労働保険事務組合又は特別加入団体の名称
	加入年月日　　年　月　日
	給付基礎日額　　　　　円
	労働保険番号（特別加入）

> 複数の事業場で就業している場合、「その他就業先の有無」欄に、必要事項を必ず記入してください。特別加入している場合も、忘れずに記入するようにしてください。

> 労働保険番号欄は特別加入をしている場合のみ記入してください。

社会保険労務士記載欄	作成年月日・提出代行者・事務代理者の表示	氏　　　　名	電　話　番　号
			（　）　－

一、所定労働時間後に負傷した場合には、当該負傷した日を除いて記載してください。

二、⑲及び㉑欄については、別紙1①欄には、平均賃金の算定基礎期間中に業務外の傷病の療養等のために休業した期間が含まれる場合に、その期間の日数及びその期間中に受けた賃金の額を算定基礎から控除して算定した平均賃金に相当する額を記載してください。この場合は、⑲欄に平均賃金に相当する額を記載してください。

別紙2は、㉑欄の「賃金を受けなかった日」のうちに業務上の負傷又は疾病による療養のため所定労働時間の一部についてのみ労働した日（別紙2において「一部休業日」という。）が含まれる場合に限り添付してください。

三、別紙2は、㉑欄の「賃金を受けなかった日」のうちに業務上の負傷又は疾病による療養のため所定労働時間の一部についてのみ労働した日（別紙2において「一部休業日」という。）が含まれる場合に限り添付してください。

四、別紙3は、㊳欄の「その他就業先の有無」で「有」に○を付けた場合に、その他就業先ごとに記載してください。その際、その他就業先ごとに注意二及び三の規定に従って記載した別紙1及び別紙2を添付してください。

五、請求人（申請人）が災害発生事業場で特別加入者であるときには、
（一）㉜、⑲、㉑、㊴、㊵及び㊶欄の事項を証明することができる書類その他の資料を添付してください。
（二）㊴欄には、その者の給付基礎日額を記載してください。
（三）⑦、⑲、㉑、㊴、㊵及び㊶欄の事項を証明することができる書類その他の資料を添付してください。
その他の事業主の証明は受ける必要はありません。

六、㊳欄の「その他就業先の有無」欄の記載がない場合又は複数就業していない場合は、複数事業労働者休業給付の請求はないものとして取り扱います。

（一）㉜から㉟欄まで及び㊲欄は記載する必要はありません。

（二）別紙1（平均賃金算定内訳）は付する必要はありません。

（三）⑲、㉑、㊴及び㊶欄については、前回の請求又は申請後の分について記載してください。

（四）第二回目以降の請求（申請）の場合には、

七、休業補償給付の支給を受けた者が、その後障害補償給付又は傷病補償年金を受けることとなった場合には、

七、複数事業労働者休業給付の支給決定がなされた場合、遡って請求されなかったものとして「その他就業先の有無」欄の記載がない場合又は複数就業していない場合の、複数事業労働者休業給付の請求はないものとして取り扱います。

八、「その他就業先の有無」欄の記載がない場合又は複数就業していない場合の、複数事業労働者休業給付の請求はないものとして取り扱います。

九、複数事業労働者休業給付の請求は、休業補償給付の支給決定がなされた場合、遡って請求できなかった期間の全部又は一部は請求できません。

七、別紙1（平均賃金算定内訳）は付する必要はありません。

㊱欄は記載する必要はありません。

脳・心臓疾患、精神障害及びその他二以上の事業の業務を要因とすることが明らかな疾病以外は、休業補償給付のみで請求されることとなります。

③（別紙1）表面（☞33頁参照）
④（別紙3）（下記参照）

様式第8号（別紙3）

複数事業労働者用

> 複数事業労働者の方のみ、様式第8号表面で記入した事業場以外の事業場について、この別紙を記入ください。

① 労働保険番号（請求書に記載した事業場以外の就労先労働保険番号）

都道府県	所掌	管轄	基幹番号	枝番号
××1	1	21	160220	000

> 様式第8号表面で記入した事業場以外の事業場の労働保険番号を記入ください。

② 労働者の氏名・性別・生年月日・住所

（フリガナ氏名）ミズシマ　リョウタ	男	生年月日
（漢字氏名）　水島　亮太	女	(昭和)平成・令和　56 年 11 月 7 日

〒　　×××－××××

（フリガナ住所）

（漢字住所）○○市□□町 1-2

③ 平均賃金（内訳は別紙1のとおり）

○○○○ 円 ○○ 銭

> 様式第8号表面で記入した事業場以外の事業場について、別紙の「平均賃金算定内訳」によって計算された平均賃金を記入してください。

④ 雇入期間

（昭和・平成 令和） 4 年 1 月 27 日 から ～～年～～月～～日 現在 まで

> 様式第8号表面で記入した事業場以外の事業場の雇入期間を記入してください。

> 様式第8号表面で記入した事業場以外の事業場について、療養のため労働ができなかった期間と、そのうち賃金を受けられなかった日数を記入します。

⑤ 療養のため労働できなかつた期間

(令和) 4 年 7 月15日 から 4 年 7 月31日 まで	17	日間のうち
⑥ 賃金を受けなかつた日数（内訳は別紙2のとおり）	17	日

⑦ 厚生年金保険等の受給関係

（イ）基礎年金番号＿＿＿＿＿＿＿　（ロ）被保険者資格の取得年月日　　年　　月　　日

（ハ）当該傷病に関して支給される年金の種類等

年金の種類	厚生年金保険法の	イ 障害年金	ロ 障害厚生年金
	国民年金法の	ハ 障害年金	ニ 障害基礎年金
	船員保険法の	ホ 障害年金	

> 同一の傷病について厚生年金保険等の年金を受給している場合にのみ記入してください。

障害等級＿＿＿＿級　　支給されることとなつた年月日　　年　　月　　日

基礎年金番号及び厚生年金等の年金証書の年金コード ［　　　　　　　　　　　　］

所轄年金事務所等＿＿＿＿＿＿＿＿＿＿＿＿＿＿＿

上記②の者について、③から⑦までに記載されたとおりであることを証明します。

令和 4 年　8 月　10 日

事業の名称　株式会社○○工業　　電話（　　）　－

事業場の所在地　○○市△△町 1-2

○○ 労働基準監督署長　殿　　事業主の氏名　代表取締役　神崎　雄大

> 事業主の証明が必要です。支店長等が事業主の代理人として選任されている場合、当該支店長等の証明を受けてください。

社会保険労務士記載欄	作成年月日・提出代行者・事務代理者の表示	氏　名	電話番号
			（　　）　－

3 傷病（補償）等年金

労働者が業務または通勤を原因とする負傷や疾病にかかり、その療養開始後1年6か月を経過しても治らず、その障害の程度が傷病等級（労災保険法施行規則別表第2）第1級から第3級までのいずれかに該当する場合に、傷病補償年金（業務災害の場合）、複数事業労働者傷病年金（複数業務要因災害の場合）または傷病補償年金（通勤災害の場合）が支給されます。

> **傷病（補償）等年金と療養（補償）等給付、休業（補償）等給付との関係**
>
> 傷病（補償）等年金が支給されることになった場合には、それまで行われていた療養（補償）等給付は継続して行われますが、休業（補償）等給付は支給されなくなります。
> また、療養開始後1年6か月経過後において、その負傷・疾病が治っておらず、かつ、その障害の程度が傷病等級に該当しない場合には、引き続き療養（補償）等給付及び休業（補償）等給付が行われることになります。

1 給付の内容

傷病（補償）年金の支給額は、傷病等級に応じて定められています。また、これに加え、社会復帰促進等事業（☞52頁参照）から、「傷病特別支給金」及び「傷病特別年金」が支給されます。

▶▶ 傷病（補償）等年金・傷病特別支給金・傷病特別年金の支給額

傷病等級	傷病（補償）等年金	傷病特別支給金（一時金）	傷病特別年金
第1級	給付基礎日額（☞29頁参照）の313日分	114万円	算定基礎日額（☞下記参照）の313日分
第2級	〃 277日分	107万円	〃 277日分
第3級	〃 245日分	100万円	〃 245日分

> 📖 **算定基礎日額**
>
> 算定基礎日額とは、算定基礎年額を365で除した額で、算定基礎年額は、被災日以前1年間に受けた特別給与（ボーナスなど）の額となります。ここで、特別給与とは、給付基礎日額の算定の基礎から除外されているボーナスなど3か月を超える期間ごとに支払われる賃金をいい、臨時に支払われた賃金は含まれません。
> ただし、算定基礎年額が給付基礎日額の365倍に相当する額の20%を超えるときは20%相当が算定基礎年額とされ、その額が150万円を超えるときは、150万円が算定基礎年額とされます。

> **年金の支払時期**
>
> 傷病（補償）等年金は、支給要件を満たすこととなった月の翌月分から支給されます。
> 支払時期は、毎年2月・4月・6月・8月・10月・12月の6期に、それぞれ前2か月分が支払われます。

2 必要な手続

傷病（補償）等年金の支給・不支給の決定は、他の保険給付とは異なり、労働者の請求によらず、国の職権によって行われます。

そのため、請求手続はありませんが、休業（補償）等給付の支給を受ける労働者で、療養開始後1年6か月を経過する場合は、その1年6か月を経過した日から1か月以内に、「傷病の状態等に関する届」（様式第16号の2）に医師の診断書などを添えて所轄の労働基準監督署へ提出しなければなりません。

> **1年6か月経過後も引き続き休業（補償）等給付を受ける場合**
>
> 療養開始後1年6か月を経過した時点で傷病（補償）等年金の支給要件を満たしていなくても、その後、傷病の程度が重くなり、傷病等級に該当することになった場合は、そのときから傷病（補償）等年金が支給されることになります。
> そのため、1年6か月経過後傷病（補償）等年金の支給要件を満たしていない場合は所轄の労働基準監督署に、毎年1月分の休業（補償）等給付を請求する際に、「傷病の状態等に関する報告書」（様式第16号の11）を提出する必要があります。

4 障害（補償）等給付

　労働者が業務または通勤が原因となった負傷や疾病が治ったとき、身体に一定の障害が残った場合には、障害補償給付（業務災害の場合）、複数事業労働者障害給付（複数業務要因災害の場合）または障害給付（通勤災害の場合）が支給されます。ここで負傷や疾病が「治ったとき」というのは労災保険法でいう「治ゆ」のことで、これ以上医療効果が期待できない状態で症状が固定したことをいいます（☞24頁参照）。

1 給付の内容

　労災保険では、その障害の程度に応じて、最も障害の重い第1級から障害の軽い第14級までの14段階に区分して「障害等級」を定めています（労災保険法施行規則別表第1）。障害等級の第1級から第7級に該当する重度の障害が残った場合には障害（補償）等年金が、第8級から第14級までの比較的軽度の障害が残った場合には障害（補償）等一時金が、それぞれ支給されます。

　また、障害（補償）等年金の受給者に対しては、年金に併せて社会復帰促進等事業（☞52頁参照）から、「障害特別支給金」（一時金）及び「障害特別年金」が障害の程度に応じて支給されます。一方、障害（補償）等一時金の受給者に対しても、一時金に併せて社会復帰促進等事業から、「障害特別支給金」（一時金）及び「障害特別一時金」が支給されます。

▶▶ 障害（補償）等給付・特別支給金の支給額

【障害等級第1級から第7級の場合】

障害等級	障害（補償）等年金 （年金として支給）	障害特別支給金※ （一時金として支給）	障害特別年金 （年金として支給）
第1級	給付基礎日額（☞29頁参照）の313日分	342万円	算定基礎日額（☞36頁参照）の313日分
第2級	〃　　277日分	320万円	〃　　277日分
第3級	〃　　245日分	300万円	〃　　245日分
第4級	〃　　213日分	264万円	〃　　213日分
第5級	〃　　184日分	225万円	〃　　184日分
第6級	〃　　156日分	192万円	〃　　156日分
第7級	〃　　131日分	159万円	〃　　131日分

【障害等級第8級から第14級の場合】

障害等級	障害（補償）等一時金 （一時金として支給）	障害特別支給金※ （一時金として支給）	障害特別一時金 （一時金として支給）
第8級	給付基礎日額の503日分	65万円	算定基礎日額の503日分
第9級	〃　　391日分	50万円	〃　　391日分
第10級	〃　　302日分	39万円	〃　　302日分
第11級	〃　　223日分	29万円	〃　　223日分
第12級	〃　　156日分	20万円	〃　　156日分
第13級	〃　　101日分	14万円	〃　　101日分
第14級	〃　　56日分	8万円	〃　　56日分

※同一の災害により、すでに傷病特別支給金を受けた場合は、その差額となる。

障害（補償）等給付の支払時期

　障害（補償）等年金は、支給要件に該当することとなった月の翌月分から支給されます。支払時期は、毎年2月・4月・6月・8月・10月・12月の6期に、それぞれ前2か月分が支払われます。
　一方、障害（補償）等一時金は、支給決定の後、ほどなく支給されます。

障害（補償）等年金前払一時金

　傷病が治った直後には、被災労働者は社会復帰などを行うに当たって、一時的にまとまったお金を必要とすることもあります。そこで、障害（補償）等年金受給権者の請求に基づいて、1回に限り年金のうち一定額（**右表**の中から額を選択できる）までまとめて前払いする制度が設けられています（障害（補償）等年金前払一時金）。

　前払一時金が支給されると、障害（補償）等年金は、各月分（1年経過後は法定利率で割り引いた額）の合計額が、前払一時金の額に達するまでの間支給停止されます。

障害等級	前払一時金の額
第1級	給付基礎日額の200日分・400日分・600日分・800日分・1,000日分・1,200日分・1,340日分
第2級	給付基礎日額の200日分・400日分・600日分・800日分・1,000日分・1,190日分
第3級	給付基礎日額の200日分・400日分・600日分・800日分・1,000日分・1,050日分
第4級	給付基礎日額の200日分・400日分・600日分・800日分・920日分
第5級	給付基礎日額の200日分・400日分・600日分・790日分
第6級	給付基礎日額の200日分・400日分・600日分・670日分
第7級	給付基礎日額の200日分・400日分・560日分

障害（補償）年金差額一時金

　障害（補償）等年金の受給者が死亡した場合、その者に支給された障害（補償）等年金（前払一時金を含みます）の合計額が**右表**の額に満たないときは、その差額が障害（補償）等年金差額一時金として遺族に支給されます。

　また、障害特別年金についても同様に、差額一時金の制度があります。

障害等級	障害（補償）年金差額一時金	障害特別年金差額一時金
第1級	給付基礎日額の1,340日分	算定基礎日額の1,340日分
第2級	給付基礎日額の1,190日分	算定基礎日額の1,190日分
第3級	給付基礎日額の1,050日分	算定基礎日額の1,050日分
第4級	給付基礎日額の 920日分	算定基礎日額の 920日分
第5級	給付基礎日額の 790日分	算定基礎日額の 790日分
第6級	給付基礎日額の 670日分	算定基礎日額の 670日分
第7級	給付基礎日額の 560日分	算定基礎日額の 560日分

2　請求手続

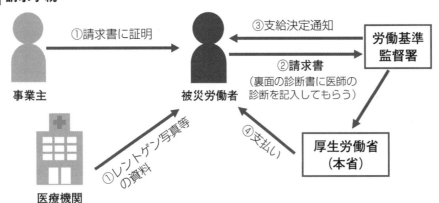

＜様式＞

業務災害・複数業務要因災害
「障害補償給付・複数事業労働者障害給付支給請求書」（様式10号）

通勤災害
「障害給付支給請求書」（様式16号の7）

障害特別支給金等の支給申請は、原則として障害（補償）等給付の請求と同時に行う。様式も同一。

診断書料の請求

　医師に診断書の作成料を支払った場合は、その費用を労災保険に請求することができます。この場合は、領収書を添付して「療養補償給付及び複数事業労働者障害給付たる療養の費用請求書」（様式第7号。業務災害・複数業務要因災害の場合）または「療養給付たる療養の費用請求書」（様式第16号の5。通勤災害の場合）を、所轄の労働基準監督署へ併せて提出してください。

様式第10号（表面）

業務災害用
複数業務要因災害用

労働者災害補償保険

障害補償給付
複数事業労働者障害給付 支給請求書
障害給付
障害特別支給金
障害特別年金 支給申請書
障害特別一時金

① 労働保険番号					
府県	所掌	管轄	基幹番号	枝番号	
××	1	026	234510	000	

② 年金証書の番号			
管轄局	種別	西暦年	番号

③労働者の
フリガナ	タカハシ ヒサオ
氏 名	高橋 久夫 （男・女）
生年月日	昭46年 8月 1日（50歳）
フリガナ	××× シ ××××
住 所	○○市○○1-30
職 種	
所属事業場名称・所在地	

④ 負傷又は発病年月日
令和3年 9月 10日
午前・後 4時15分頃

⑤ 傷病の治癒した年月日
令和4年 2月 25日

⑦ 平均賃金
6,338円12銭

⑥ 災害の原因及び発生状況 （あ）どのような場所で（い）どのような作業をしているときに（う）どのような物又は環境に（え）どのような不安全な又は有害な状態があって（お）どのような災害が発生したかを簡明に記載すること

○○駅前ビル建設現場において、足場の組立作業中、誤って足場板を左足首に落とし、左脛骨下端部を骨折負傷した。

⑧ 特別給与の総額（年額）
450,000 円

⑨厚生年金保険等の受給関係

⑦ 厚年等の年金証書の基礎年金番号・年金コード		⑩ 被保険者資格の取得年月日	年 月 日

⑧ 当該傷病に関して支給される年金の種類等	年金の種類	厚生年金保険法の イ、障害年金 ロ、障害厚生年金 国民年金法の イ、障害年金 ロ、障害基礎年金 船員保険法の障害年金
	障害等級	級
	支給される年金の額	円
	支給されることとなった年月日	年 月 日
	厚年等の年金証書の基礎年金番号・年金コード	
	所轄年金事務所等	

③の者については、④、⑥から⑧まで並びに⑨の⑦及び⑩に記載したとおりであることを証明します。

令和4年 2月 27日

事業の名称	（株）大根工務店 電話（△△△）×××－○○○○
事業場の所在地	○○市○○町100 〒 ×××－××××
事業主の氏名	代表取締役社長 大根 輝生

（法人その他の団体であるときは、その名称及び代表者の氏名）

〔注意〕⑨の⑦及び⑩については、③の者が厚生年金保険の被保険者である場合に限り証明すること。

⑩ 障害の部位及び状態	（診断書のとおり）	⑪ 既存障害がある場合にはその部位及び状態	

⑫ 添付する書類その他の資料名	X線写真2枚

⑬ 年金の払渡しを受けることを希望する金融機関又は郵便局

金融機関（郵便貯金銀行を除く。）

名称	※ 金融機関店舗コード		
	○○ 銀行・金庫 農協・漁協・信組 △△		本店・本所 出張所 支店・支所
預金通帳の記号番号	普通・当座 第 1234567 号		

郵便貯金銀行の支店等又は郵便局

※ 郵便局コード		
フリガナ 名称		
所在地	都道府県 市郡区
預金通帳の記号番号	第 号

上記により
障害補償給付
複数事業労働者障害給付 の支給を請求します。
障害給付
障害特別支給金
障害特別年金 の支給を申請します。
障害特別一時金

令和4年 3月 2日

○○ 労働基準監督署長 殿

請求人の申請人

| 〒 ×××－×××× |
| 電話（△△△）×××－○○○○ |
| 住所 ○○市○○1-30 |
| 氏名 高橋 久夫 |

□本件手続を裏面に記載の社会保険労務士に委託します。

個人番号 | 1 | 2 | 3 | 4 | 5 | 6 | 7 | 8 | 9 | 0 | 1 | 2 |

振込を希望する金融機関の名称			預金の種類及び口座番号
○○ 銀行・金庫 農協・漁協・信組	△△	本店・本所 出張所 支店・支所	普通・当座 第 1234567 号 口座名義人 高橋 久夫

⑭その他就業先の有無		
有	有の場合のその数 （ただし表面の事業場を含まない） 社	有の場合でいずれかの事業で特別加入している場合の特別加入状況 （ただし表面の事業を含まない） 労働保険事務組合又は特別加入団体の名称
無	労働保険番号（特別加入）	加入年月日 　　　　　　　　　　　　　　年　　　　月　　　　日 給付基礎日額 　　　　　　　　　　　　　　　　　　　　　　　　円

〔注意〕
1　※印欄には記載しないこと。
2　事項を選択する場合には該当する事項を○で囲むこと。
3　③の労働者の「所属事業場名称・所在地」欄には、労働者の直接所属する事業場が一括適用の取扱いを受けている場合に、労働者が直接所属する支店、工事現場等を記載すること。
4　⑦には、平均賃金の算定基礎期間中に業務外の傷病の療養のため休業した期間が含まれている場合に、当該平均賃金に相当する額がその期間の日数及びその期間中の賃金を業務上の傷病の療養のため休業した期間の日数及びその期間中の賃金とみなして算定した平均賃金に相当する額に満たないときは、当該みなして算定した平均賃金に相当する額を記載すること（様式第8号の別紙1に内訳を記載し添付すること。ただし、既に提出されている場合を除く。）。
5　⑧には、負傷又は発病の日以前1年間（雇入後1年に満たない者については、雇入後の期間）に支払われた労働基準法第12条第4項の3箇月を超える期間ごとに支払われる賃金の総額を記載すること（様式第8号の別紙1に内訳を記載し添付すること。ただし、既に提出されている場合を除く。）。
6　請求人（申請人）が傷病補償年金又は複数事業労働者傷病年金を受けていた者であるときは、
（1）　①、④及び⑥には記載する必要がないこと。
（2）　②には、傷病補償年金又は複数事業労働者傷病年金に係る年金証書の番号を記載すること。
（3）　事業主の証明を受ける必要がないこと。
7　請求人（申請人）が特別加入者であるときは、
（1）　⑦には、その者の給付基礎日額を記載すること。
（2）　⑧は記載する必要がないこと。
（3）　④及び⑥の事項を証明することができる書類その他の資料を添えること。
（4）　事業主の証明を受ける必要がないこと。
8　⑬については、障害補償年金、複数事業労働者障害年金又は障害特別年金の支給を受けることとなる場合において、障害補償年金、複数事業労働者障害年金又は障害特別年金の払渡しを金融機関（郵便貯金銀行の支店等を除く。）から受けることを希望する者にあっては「金融機関（郵便貯金銀行の支店等を除く。）」欄に、障害補償年金、複数事業労働者障害年金又は障害特別年金の払渡しを郵便貯金銀行の支店等又は郵便局から受けることを希望する者にあっては「郵便貯金銀行の支店等又は郵便局」欄に、それぞれ記載すること。
　　なお、郵便貯金銀行の支店等又は郵便局から払渡しを受けることを希望する場合であつて振込によらないときは、「預金通帳の記号番号」の欄は記載する必要はないこと。
9　「個人番号」の欄については、請求人（申請人）の個人番号を記載すること。
10　本件手続を社会保険労務士に委託する場合は、「請求人（申請人）の氏名」欄の下の□にレ点を記入すること。
11　⑭「その他就業先の有無」で「有」に○を付けた場合は、様式第8号の別紙3をその他就業先ごとに記載すること。その際、その他就業先ごとに様式第8号の別紙1を記載し添付すること。なお、既に他の保険給付の請求において記載している場合は、記載の必要がないこと。
12　複数事業労働者障害年金の請求は、障害補償年金の支給決定がなされた場合、遡って請求されなかったものとみなされること。
13　⑭「その他就業先の有無」欄の記載がない場合又は複数就業していない場合は、複数事業労働者障害年金の請求はないものとして取り扱うこと。
14　疾病に係る請求の場合、脳・心臓疾患、精神障害及びその他二以上の事業の業務を要因とすることが明らかな疾病以外は、障害補償年金のみで請求されることとなること。

社会保険 労務士 記載欄	作成年月日・提出代行者・事務代理者の表示	氏　　名	電話番号
			（　　　） ―

5　介護（補償）等給付

　業務または通勤が原因となった負傷や疾病による、傷病（補償）等年金または障害（補償）等年金の受給者のうち、障害等級傷病等級が第1級の方（すべて）と第2級の「精神神経・胸腹部臓器の障害」を有している方が、現に介護を受けている場合に、月単位で介護補償給付（業務災害の場合）、複数事業労働者介護給付（複数業務要因災害の場合）または介護給付（通勤災害の場合）が支給されます。

1　支給要件

　介護（補償）等給付の支給要件は次のとおりです。

支給要件	
1 一定の障害の状態に該当し、常時介護または随時介護を要する状態にあること	
2 現に介護を受けていること（民間の有料の介護サービスなどや親族または友人・知人により現に介護を受けていること）	障害の状態は、要介護障害程度区分表（労災保険法施行規則別表第3）による。
3 病院または診療所に入院していないこと	
4 介護老人保健施設、障害者支援施設（生活介護を受けている場合に限る）、特別養護老人ホームまたは原始爆弾被爆者特別養護ホームに入所していないこと	

2　支給額

	親族などによる介護を受けていない場合	親族などによる介護を受けた場合	
常時介護	介護の費用として支出した額 上限額：171,650円	①介護の費用を支出していない場合 ②介護の費用を支出した場合 　支出額が73,090円を下回る場合には、 　支出額が73,090円を上回る場合には、	一律定額：73,090円 一律定額：73,090円 その額（ただし上限 171,650円）
随時介護	介護の費用として支出した額 上限額：85,780円	①介護の費用を支出していない場合 ②介護の費用を支出した場合 　支出額が36,500円を下回る場合には、 　支出額が36,500円を上回る場合には、	一律定額：36,500円 一律定額：36,500円 その額（ただし上限 85,780円）

※介護（補償）等給付の請求は、1か月ごとが一般的ですが、3か月分まとめて請求も可能です。

3　請求手続

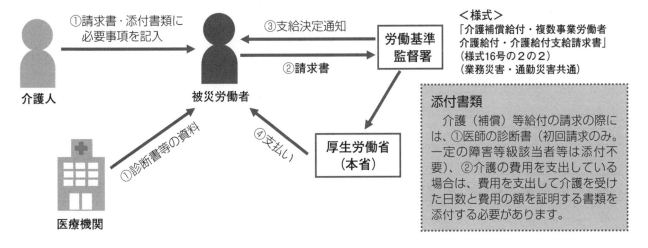

＜様式＞
「介護補償給付・複数事業労働者介護給付・介護給付支給請求書」
（様式16号の2の2）
（業務災害・通勤災害共通）

添付書類
　介護（補償）等給付の請求の際には、①医師の診断書（初回請求のみ。一定の障害等級該当者等は添付不要）、②介護の費用を支出している場合は、費用を支出して介護を受けた日数と費用の額を証明する書類を添付する必要があります。

■ 様式第16号の2の2（表面）

労働者災害補償保険

介 護 補 償 給 付
複数事業労働者介護給付　支 給 請 求 書
介 護 給 付

標準字体	ア	カ	サ	タ	ナ	ハ	マ	ヤ	ラ	ワ	○濁点、半濁
0	1	2	3	4	イ	キ	シ	チ	ニ	ヒ	ミ	リ	ン	点は一文字
5	6	7	8	9	ウ	ク	ス	ツ	ヌ	フ	ム	ユ	ル	゛	として書い
					エ	ケ	セ	テ	ネ	ヘ	メ	レ	゜	てください。
					オ	コ	ソ	ト	ノ	ホ	モ	ヨ	ロ ー	ガ゛ パ゜	（例）

※ 帳票種別　**3 5 2 9 0**

① 管轄局署　② 受付年月日　元号　年　　月　　日

③ 特別コード

④ 介護料区分　1 有　3 無

（注意）

⑤（イ）年金証書番号　管轄局　種別　西暦年　番号

（ロ）受給している労災年金の種類
☑ 障害（補償）等年金 1 級
□ 傷病（補償）等年金　級

（ハ）障害の部位及び状態並びに当該障害を有することに伴う日常生活の状態については別紙診断書のとおり。

（ニ）⑥ 労働者の 氏名（カタカナ）：姓と名の間は1文字あけて左ヅメで記入してください。
ク ロ サ ワ　ケ ン

生年月日　昭和 55 年 11 月 3 日

氏名　黒沢 健　　住所　○○市○○ 4-5

⑦（ホ）請求対象年月	⑧（ヘ）費用を支出して介護を受けた日数	⑨（ト）介護に要する費用として支出した費用の額	介護に従事した者 ※	親族 ⑩	友人・知人 ⑪	看護師・家政婦又は看護補助者 ⑫	施設職員 ⑬
5平成 9 0 4 5	2 0	1 2 0 0 0 0					
⑭（ホ）請求対象年月	⑮（ヘ）費用を支出して介護を受けた日数	⑯（ト）介護に要する費用として支出した費用の額	介護に従事した者 ※	親族 ⑰	友人・知人 ⑱	看護師・家政婦又は看護補助者 ⑲	施設職員 ⑳
7平成 9 0 4 6							
㉑（ホ）請求対象年月	㉒（ヘ）費用を支出して介護を受けた日数	㉓（ト）介護に要する費用として支出した費用の額	介護に従事した者 ※	親族 ㉔	友人・知人 ㉕	看護師・家政婦又は看護補助者 ㉖	施設職員 ㉗
9平成 9 0 4 7							

1～9年は右に　1～9月は右に　1～9は右に

右の欄及び㉚から㉝までの欄は、口座を新規に届け出る場合又は届け出た口座を変更する場合のみ記入してください。

新規・変更

振込を希望する金融機関の名称
○○ 銀行・金庫・農協・漁協・信組　△△ 本店・本所・出張所・支店支所

口座名義人　黒沢 健

㉘ ※ 金融機関コード
金融機関　店舗

㉙ ※ 郵便局コード

（チ）㉚ 預（貯）金の種別　**1**　1:普通　3:当座

㉛ 口座番号（左詰め、ゆうちょ銀行の場合は、記号（5桁）は左詰め、番号は右詰めで記入し、空欄には「0」を記入。）
1 2 3 4 5 6 7

口座名義人（カタカナ）：姓と名の間は1文字あけて左ヅメで記入してください。
㉜ **ク ロ サ ワ　ケ ン**

（続き）口座名義人（カタカナ）
㉝

（リ）けた場所等（イ）住居　（ロ）施設等（ただし、病院、診療所、介護老人保健施設、介護医療院、特別養護老人ホーム及び原子爆弾被爆者特別養護ホームは除く。）

所在地

名称
電話（　　）　－

（ヌ）介護に従事した者	氏 名	生 年 月 日	続柄	介護期間・日数	区 分
	黒沢 景子	昭和 30 年 8 月 7 日	母	5月 1日から 5月31日まで 20日間	（イ）親族　□ 友人・知人 （ハ）看護師・家政婦又は看護補助者 （ニ）施設職員
	同上	年 月 日		6月 1日から 6月30日まで 30日間	（イ）親族　□ 友人・知人 （ハ）看護師・家政婦又は看護補助者 （ニ）施設職員
		年 月 日		7月 1日から 7月31日まで 31日間	（イ）親族　□ 友人・知人 （ハ）看護師・家政婦又は看護補助者 （ニ）施設職員

（ル）添付する書類　イ　診断書　　ロ　介護に要した費用の額の証明書（ 1 通）

介 護 補 償 給 付
上記により複数事業労働者介護給付 の支給を請求します。
介 護 給 付

令和4年 8 月 10日

〒×××-××××　電話（△△△）×××-○○○○

住 所　○○市○○ 4-5

請求人の　　　　　　　　　　　　（　　方）

氏 名　黒沢 健

○○ 労働基準監督署長　殿

［介護の事実に関する申立て］　私は、上記（リ）及び（ヌ）のとおり介護に従事したことを申し立てます。

住所	○○市○○ 4-5	氏名	黒沢 景子	電話番号	(△△△)×××-○○○○

（注意）
一、記入枠の部分は、必ず黒のボールペンを使用し、様式の右上に記載された「標準字体」にならって、枠からはみださないように大きめのカタカナ及びアラビア数字で明瞭に記載してください。
二、□□□・□で表示された枠（以下「記入枠」という。）に記入する文字は、光学式文字読取装置（OCR）で直接読取りを行いますので、汚したり、□□□・□で表示された枠（以下「記入枠」という。）に強く折り曲げたり、穴をあけたり、必要以上に強く折り曲げたり、のりづけしたりしないでください。
三、記載すべき事項のない欄又は記入枠は空欄のままとし、事項を選択する場合には該当事項を○で囲んでください。（ただし、⑦、⑭、㉑及び㉚欄については該当番号を記入枠に記入してください。）

※印の欄は記入しないでください。（職員が記入します。）

◎裏面の注意事項を読んでから記入してください。折り曲げる場合には（◀）の所を谷に折りさらに2つ折りにしてください。

◀

6 遺族（補償）等給付

業務または通勤が原因で亡くなった労働者の遺族に対して、遺族補償給付（業務災害の場合）、複数事業労働者遺族給付（複数業務要因災害の場合）または遺族給付（通勤災害の場合）が支給されます。

遺族（補償）等給付には、遺族（補償）等年金と遺族（補償）等一時金の2種類あります。

1 受給資格者

遺族（補償）等年金の受給資格者となるのは、労働者の死亡当時、その収入によって生計を維持していた配偶者、子、父母、孫、祖父母、兄弟姉妹ですが、妻以外の遺族については、労働者の死亡当時に一定の高齢または年少であるか、あるいは一定の障害の状態にあることが必要です。

▶▶ 受給資格者と受給権者となる順位

順位	受給資格者の要件
①	妻または60歳以上か一定障害の夫
②	18歳に達する日以後の最初の3月31日までの間にあるか一定障害の子
③	60歳以上か一定障害の父母
④	18歳に達する日以後の最初の3月31日までの間にあるか一定障害の孫
⑤	60歳以上か一定障害の祖父母
⑥	18歳に達する日以後の最初の3月31日までの間にあるか60歳以上または一定障害の兄弟姉妹
⑦	55歳以上60歳未満の夫
⑧	55歳以上60歳未満の父母
⑨	55歳以上60歳未満の祖父母
⑩	55歳以上60歳未満の兄弟姉妹

※一定障害とは、障害等級第5級以上の身体障害をいいます。
※配偶者は、事実上婚姻関係と同様の事情があった場合も含みます。
※労働者の死亡当時、胎児であった子は、生まれたときから受給資格者となります。
※最先順位者が死亡や再婚などで受給権を失うとその次の順位の者が受給権者となります。
※⑦〜⑩の50歳以上60歳未満の夫・父母・祖父母・兄弟姉妹は、受給権者になっても、60歳になるまでは年金の支給が停止されます。

> **受給資格者・受給権者**
>
> 遺族（補償）等年金は、受給権者に対して支給されます。
>
> 受給権者とは、受給する資格を有する遺族（受給資格者）のうち最先順位の者をいいます。

> **「労働者の収入によって生計を維持していた」**
>
> もっぱらまたは主として労働者の収入によって生活を維持していた場合だけではなく、被災労働者の収入によって生計の一部を維持していた（いわゆる共働き）場合も含まれます。

2 給付の内容

遺族数（受給権者及び受給権者と生計を同じくしている受給資格者の数）などに応じて、遺族（補償）等年金、遺族特別支給金、遺族特別年金が支給されます。

なお、受給権者が2人以上あるときは、その額を等分した額がそれぞれの受給権者が受ける額となります。

> **遺族（補償）等年金の支払時期**
>
> 遺族（補償）等年金は、支給要件に該当することとなった月の翌月分から支給されます。支払時期は、毎年2月・4月・6月・8月・10月・12月の6期に、それぞれ前2か月分が支払われます。

▶▶ 遺族（補償）等年金・特別支給金の額

遺族の数	遺族（補償）等年金 （年金として支給）	遺族特別支給金※ （一時金として支給）	遺族特別年金 （年金として支給）
1人	給付基礎日額の153日分 （ただし、55歳以上の妻または一定の障害の状態にある妻の場合は給付基礎日額の175日分）	300万円	算定基礎日額の153日分 （ただし、55歳以上の妻または一定の障害の状態にある妻の場合は算定基礎日額の175日分）
2人	給付基礎日額の201日分		算定基礎日額の201日分
3人	〃　223日分		〃　223日分
4人以上	〃　245日分		〃　245日分

3 遺族（補償）年金の請求手続

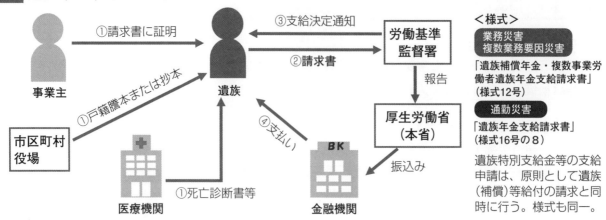

<様式>

業務災害 複数業務要因災害
「遺族補償年金・複数事業労働者遺族年金支給請求書」（様式12号）

通勤災害
「遺族年金支給請求書」（様式16号の8）

遺族特別支給金等の支給申請は、原則として遺族（補償）等給付の請求と同時に行う。様式も同一。

添付書類	受給権者が2人以上いる場合
遺族（補償）年金を請求する際には、①死亡診断書等の労働者の死亡の事実・年月日を証明する書類、②戸籍謄本・抄本など請求人及び他の受給資格者と被災労働者との身分関係を証明する書類、③死亡労働者の収入によって生計を維持していたことを証明する書類、④その他必要となる書類等を添付する必要があります。	同順位の受給権者が2人以上いる場合は、そのうちの1人を年金の請求、受領についての代表者として選任し、所定様式の選任届を所轄の労働基準監督署へ提出することになっています。

📖 遺族（補償）等年金前払一時金

労働者が死亡したときに、一時的にまとまったお金が必要となる場合もあります。そこで、遺族（補償）等年金の受給権者の希望により、1回に限り年金の前払いする制度が設けられています（遺族（補償）等年金前払一時金）。

前払一時金の額は、給付基礎日額の200日分、400日分、600日分、800日分、1,000日分の中から、希望する額を選択できます。

前払一時金が支給されると、遺族（補償）等年金は、各月分（1年経過後は法定利率で割り引いた額）の合計額が、前払一時金の額に達するまでの間支給停止されます。

4 遺族（補償）等一時金

遺族（補償）等給付の支給は、原則として年金ですが、被災労働者の死亡の当時、遺族（補償）等年金を受ける遺族がいない場合など（具体的には、**下表**の①または②に該当する場合）、一時金で遺族に支給されます。

一時金の受給資格者は、①配偶者、②労働者の死亡当時その収入によって生計を維持していた子・父母・孫・祖父母、③その他の子・父母・孫・祖父母、④兄弟姉妹の順位で、このうち最先順位者が受給権者となります。

▶▶ 遺族（補償）等一時金・特別支給金の支給額

遺　族	遺族（補償）等一時金	遺族特別支給金（一時金として支給）	遺族特別一時金（一時金として支給）
①労働者の死亡当時、遺族（補償）等年金を受ける遺族がいない場合	給付基礎日額の1,000日分	300万円	算定基礎日額の1,000日分
②遺族（補償）等年金の受給権者が最後順位者まですべて失権した場合に、受給権者であった遺族の全員に対して支払われた年金の額及び遺族（補償）年金前払一時金の額の合計額が給付基礎日額の1,000日分に達していないとき	給付基礎日額の1,000日分からすでに支給された遺族（補償）等年金等の合計額を差し引いた金額	———	算定基礎日額の1,000日分からすでに支給された遺族特別年金の合計額を差し引いた金額

様式第12号（表面）

| 業務災害用 複数業務要因災害用 | 労働者災害補償保険 | 遺　族　補　償　年　金 複数事業労働者遺族年金　支　給　請　求　書 遺　族　特　別　支　給　金 遺　族　特　別　年　金　支　給　申　請　書 | ［年金新規報告書提出］ ・　・ |

①	労　　働　　保　　険　　番　　号		③死亡労働者の	フリガナ	フジモト　イイチロウ	④ 負傷又は発病年月日
府県 所掌 管轄	基　幹　番　号	枝番号		氏　名	藤本　伊一郎 (男)・女	令和4年 6月 4日
×× 1 0 9	1 2 3 4 5 6	0 0 0		生年月日	昭和36年 2月23日 (61歳)	午前・(後) 3時40分頃
② 年　金　証　書　の　番　号				職　種		⑤ 死　亡　年　月　日
管轄局 種別 西暦年 番　号 枝番号				所属事業場 名称・所在地		令和4年 6月 4日

⑥ 災害の原因及び発生状況	（あ）どのような場所で（い）どのような作業をしているときに（う）どのような物又は環境に（え）どのような不安全な又は有害な状態があって（お）どのような災害が発生したかを簡明に記載すること	⑦ 平　　均　　賃　　金
	当社工場内で、天井クレーンを操作していた工員が操作を誤って運搬中の鉄骨を立てかけてあった鉄板に当てたため、それが倒れ、溶接作業中の藤本が下敷きになって死亡した。	7,854 円 23 銭
		⑧ 特別給与の総額（年額）
		770,000 円

⑨ 厚生年金等の受給関係	㋑	死亡労働者の厚年等の年金証書の 基礎年金番号・年金コード		㋺ 死亡労働者の被保険者資格の取得年月日 　年　月　日
		㋩ 当該死亡に関して支給される年金の種類		
	厚生年金保険法の	イ 遺族年金 ロ 遺族厚生年金	国民年金法の イ母子年金 ロ準母子年金 ハ遺児年金 ニ寡婦年金 ホ遺族基礎年金	船員保険法の遺族年金
	支給される年金の額	支給されることとなった年月日	厚年等の年金証書の基礎年金番号・年金コード （複数のコードがある場合は下段に記載すること。）	所轄年金事務所等
	円	年　月　日		
	受けていない場合は、次のいずれかを○で囲む。 ・裁定請求中 ・不支給裁定 ・未加入 ・請求していない ・老齢年金等選択			

③の者については、④、⑥から⑧まで並びに⑨の㋑及び㋺に記載したとおりであることを証明します。

令和4年 6月12日

[注意]
⑨の㋑及び㋺については、③の者が厚生年金保険の被保険者である場合に限り証明すること。

事業の名称　(株)○○鉄工　　　電話(△△△)×××―○○○○
事業場の所在地　○○市△△3-4-5　　〒×××―××××
事業主の氏名　代表取締役　三ツ谷　晴彦
（法人その他の団体であるときはその名称及び代表者の氏名）

⑩ 請求人 申請人	氏　名（フリガナ）	生　年　月　日	住　所（フリガナ）	死亡労働者との関係	障害の有無	請求人（申請人）の代表者を選任しないときは、その理由
	フジモト　キョウコ 藤本　京子	昭和40・10・28	○○市××1-2-3	妻	ある・(ない)	
		・　・			ある・ない	
		・　・			ある・ない	

⑪ 請求人（申請人）以外の遺族補償年金を受けることができる遺族又は複数事業労働者遺族年金	氏　名（フリガナ）	生　年　月　日	住　所（フリガナ）	死亡労働者との関係	障害の有無	請求人（申請人）と生計を同じくしているか
	フジモト　ミク 藤本　未久	平成8・3・14	○○市××1-2-3	長女	ある・(ない)	(いる)・いない
		・　・			ある・ない	いる・いない
		・　・			ある・ない	いる・いない
		・　・			ある・ない	いる・いない

⑫ 添付する書類その他の資料名

⑬ 年金の払渡しを受けることを希望する金融機関又は郵便局	金融機関（郵便貯金銀行の支店等を除く。）	名　称	※金融機関店舗コード ○○　　(銀行)・金庫 農協・漁協・信組　△△　本店・本所 出張所 (支店)・支所
		預金通帳の記号番号	(普通)・当座 第 1234567 号
	郵便貯金銀行の支店等又は郵便局	フリガナ 名　称	※郵便局コード
		所　在　地	都道府県　　市郡区
		預金通帳の記号番号	第　　　号

上記により
遺　族　補　償　年　金 複数事業労働者遺族年金　の支給を請求します。 遺　族　特　別　支　給　金 遺　族　特　別　年　金　の支給を申請します。

令和4年 6月12日

○○　労働基準監督署長　殿

請求人 申請人 （代表者） の
〒×××―××××　電話(△△△)×××―○○○○
住所　○○市××1-2-3
氏名　藤本　京子
□本件手続を裏面に記載の社会保険労務士に委託します。
個人番号 1 2 3 4 5 6 7 8 9 0 1 2

特別支給金について振込を希望する金融機関の名称				預金の種類及び口座番号
○○	(銀行)・金庫 農協・漁協・信組	△△	本店・本所 出張所 (支店)・支所	(普通)・当座 第 1234567 号 口座名義人　藤本　京子

7 葬祭料等（葬祭給付）

労働者が業務または通勤が原因で亡くなった場合に、葬祭を行った遺族などに対して、葬祭料（業務災害の場合）、複数事業労働者葬祭給付（複数業務要因災害の場合）または葬祭給付（通勤災害の場合）が支給されます。

葬祭料等（葬祭給付）の受給者

通常は、遺族が死亡労働者の葬祭を行いますので、遺族が受給することになります。

また、葬祭を執り行う遺族がなく、社葬として死亡労働者の会社が葬祭を行った場合は、その会社に対して支給されます。

1 給付の内容

31万5,000円＋給付基礎日額の30日分

↑

ただし、この額が給付基礎日額の60日分に満たない場合は、給付基礎日額の60日分が支給されます。

葬祭料等（葬祭給付）に含まれるもの

葬祭料等（葬祭給付）は、埋葬を含めて一般に葬祭に要する費用を補償するものです。したがって、霊柩費、火葬料、埋葬料など、葬式から火葬または埋葬に至る過程で要する費用などが含まれます。

2 請求手続

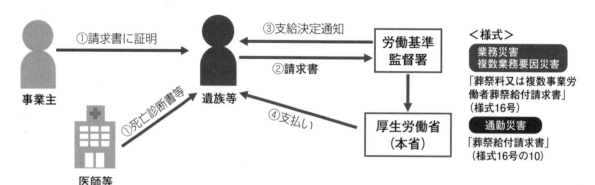

事業主 ①請求書に証明 → 遺族等
③支給決定通知 ← 労働基準監督署
遺族等 → 労働基準監督署 ②請求書
医師等 ①死亡診断書等 → 遺族等
④支払い 厚生労働省（本省） → 遺族等
労働基準監督署 → 厚生労働省（本省）

＜様式＞

業務災害 複数業務要因災害
「葬祭料又は複数事業労働者葬祭給付請求書」（様式16号）

通勤災害
「葬祭給付請求書」（様式16号の10）

添付書類

葬祭料等（葬祭給付）を請求する際には、死亡診断書等の労働者の死亡の事実・年月日を証明する書類を添付する必要があります（遺族（補償）等給付の請求に際して添付している場合は不要になります）。

📖 保険給付の請求権の時効

労災保険給付は、一定期間を経過すると、時効により請求権が消滅します。

保険給付	時効の起算点	時効期間
療養（補償）等給付 ※療養の費用請求の場合	療養に要する費用の支出が具体的に確定した日の翌日から	2年
休業（補償）等給付	労働不能のため賃金を受けない日ごとにその翌日から	2年
障害（補償）等給付	傷病が治ゆした日の翌日から	5年
介護（補償）等給付	介護を受けた月の翌月の1日から	2年
遺族（補償）等給付	被災労働者の死亡の日の翌日から	5年
葬祭料等（葬祭給付）	被災労働者の死亡の日の翌日から	2年

様式第16号(表面)

業務災害用
複数業務要因災害用

労働者災害補償保険
葬祭料又は複数事業労働者葬祭給付請求書

① 労 働 保 険 番 号				
府県	所掌	管轄	基幹番号	枝番号
×.×	1	0.3.0	1.3.3.9.6.0	0.0

③ 請求人の
フリガナ 氏名　ミ ハシ　サエコ　三橋 さえ子
住所　○○市○○町 1-2-3
死亡労働者との関係　妻

② 年 金 証 書 の 番 号

管轄局	種別	西暦年	番 号

④ 死亡労働者の
フリガナ 氏名　ミ ハシ セイイチロウ　三橋 誠一郎　(男)・女
生年月日　昭和39年 3月 4日(58歳)
職種　自動車運転手
所属事業場名称所在地

⑤ 負傷又は発病年月日　令和4年 3月22日　午前・(後) 2時40分頃

⑦ 死 亡 年 月 日　令和4年 3月22日

⑥ 災害の原因及び発生状況
(あ)どのような場所で(い)どのような作業をしているときに(う)どのような物又は環境に(え)どのような不安全な又は有害な状態があって(お)どのような災害が発生したかを簡明に記載すること

集金のため自動車で用務先福原商店へ向かう途中、市内○○町2丁目交差点で、雨天で路面が濡れていたため、スリップしてハンドルをとられ、道路脇の電柱に激突、全身打撲で即死した。

⑧ 平 均 賃 金　5,884 円 50 銭

④の者については、⑤、⑥及び⑧に記載したとおりであることを証明します。

令和4年 4月 2日

事業の名称　株式会社昭和化学工業　電話(△△△)×××―○○○○
事業場の所在地　○○市○○町 9-50　〒×××―××××
事業主の氏名　代表取締役 野々宮 守
(法人その他の団体であるときはその名称及び代表者の氏名)

⑨ 添付する書類その他の資料名　遺族補償年金請求書に添付

上記により葬祭料又は複数事業労働者葬祭給付の支給を請求します。

令和4年 4月 3日　〒×××―××××　電話(△△△)×××―○○○○

○○　労働基準監督署長 殿

請求人の 住所　○○市○○町 1-2-3
氏名　三橋 さえ子

振込を希望する金融機関の名称		預金の種類及び口座番号	
○○	(銀行)・金庫 農協・漁協・信組	○○	本店・本所 出張所 (支店)・支所
		(普通)・当座　第654321号 口座名義人 三橋 さえ子	

8 二次健康診断等給付

　労働安全衛生法に基づく定期健康診断のうち、直近のもの（「一次健康診断」といいます）において、脳・心臓疾患に関連する検査項目①〜④すべてに異常の所見があった場合に、二次健康診断等給付を無料で受けられます。

1 支給要件

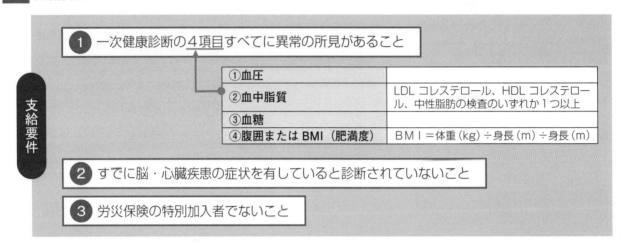

支給要件

1 一次健康診断の <u>4項目</u> すべてに異常の所見があること

①血圧	
②血中脂質	LDL コレステロール、HDL コレステロール、中性脂肪の検査のいずれか1つ以上
③血糖	
④腹囲または BMI（肥満度）	BMI＝体重（kg）÷身長（m）÷身長（m）

2 すでに脳・心臓疾患の症状を有していると診断されていないこと

3 労災保険の特別加入者でないこと

2 給付の内容

　二次健康診断等給付では、二次健康診断及び特定保健指導を無料で受けることができます。

	項　目	内　容
二次健康診断	①空腹時血中脂質検査	低比重リポ蛋白コレステロール（LDLコレステロール）、高比重リポ蛋白コレステロール（HDLコレステロール）及び血清トリグリセライド（中性脂肪）の量の検査
	②空腹時血糖値検査	空腹時の血中グルコース（血糖値）の量の検査
	③ヘモグロビンA$_{1c}$検査	※一次健康診断で行った場合を除く。
	④負荷心電図検査または胸部超音波検査（心エコー検査）	負荷心電図検査は、階段の上り下りするなどの運動により心臓に負荷を加えた状態で心電図を計測する。胸部超音波検査は、超音波探触子を胸壁に当て、心臓の状態を調べる。
	⑤頸部超音波検査（頸部エコー検査）	超音波探触子を頸部に当て、脳に入る動脈の状態を調べる。
	⑥微量アルブミン尿検査	一次健康診断における尿中の蛋白の有無の検査において疑陽性（±）または弱陽性（＋）の所見があると診断された場合に限る。
特定保健指導	①栄養指導	適切なカロリー摂取等、食生活上の指針を示す指導
	②運動指導	必要な運動の指針を示す指導
	③生活指導	飲酒、喫煙、睡眠等の生活習慣に関する指導

> **給付を受けられる回数**
> 　二次健康診断は、1年度に1回、特定保健指導は、二次健康診断ごとに1回に限られます。また、これらは、労災病院または都道府県労働局長が指定する病院もしくは診療所（健診給付病院等）において、直接給付（現物給付）されます。

3 請求手続

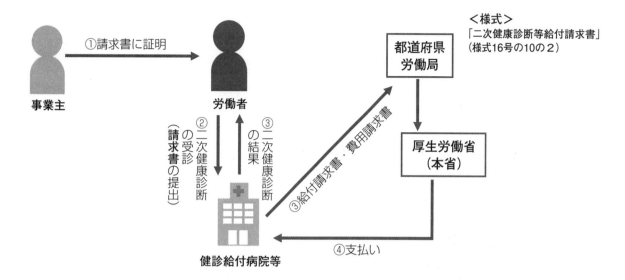

①請求書に証明

事業主 → 労働者

②二次健康診断の受診（請求書の提出）

③二次健康診断の結果

健診給付病院等

③給付請求書・費用請求書

都道府県労働局

＜様式＞
「二次健康診断等給付請求書」
（様式16号の10の２）

厚生労働省（本省）

④支払い

給付請求の方法

　二次健康診断等を受けようとする労働者は「二次健康診断等給付請求書」に、一次健康診断の結果の写しなどを添付のうえ、健診給付病院等を経由して所轄の都道府県労働局長へ提出します。

請求期間

　二次健康診断等給付の請求は、一次健康診断の受診日から３か月以内に行わなければなりません。ただし、天災地変などにより請求を行うことができない場合や、一次健康診断を実施した医療機関の都合で一次健康診断の結果の通知が著しく遅れた場合など、やむを得ない事情がある場合は、３か月を過ぎてからの請求も認められます。

📖 労働者の故意・重大な過失によって災害が発生した場合──支給制限

　労災の保険給付に当たって、給付の原因となる事故が、労働者の故意または重大な過失によって発生した場合などには、保険給付の一部または全部が支給されません（支給制限）。

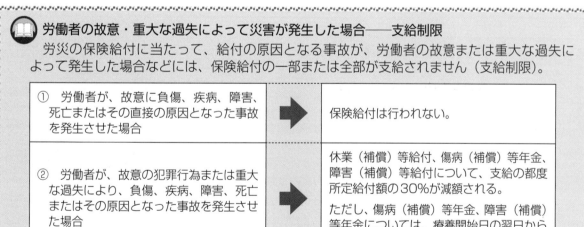

① 労働者が、故意に負傷、疾病、障害、死亡またはその直接の原因となった事故を発生させた場合	保険給付は行われない。
② 労働者が、故意の犯罪行為または重大な過失により、負傷、疾病、障害、死亡またはその原因となった事故を発生させた場合	休業（補償）等給付、傷病（補償）等年金、障害（補償）等給付について、支給の都度所定給付額の30％が減額される。 ただし、傷病（補償）等年金、障害（補償）等年金については、療養開始日の翌日から３年以内に支払われる分に限られる。
③ 労働者が、正当な理由がなく療養に関する指示に従わず、負傷などの程度を増進させ、またはその回復を妨げた場合	１件につき、休業（補償）等給付の10日分または傷病（補償）等年金の額の365分の10に相当する額が減額される。

■ 様式第16号の10の2（表面）　　労働者災害補償保険

二次健康診断等給付請求書

裏面に記載してある注意事項をよく読んだ上で、記入してください。

標準字体

0	5	ア	カ	サ	タ	ナ	ハ	マ	ヤ	ラ	ワ
1	6	イ	キ	シ	チ	ニ	ヒ	ミ		リ	ン
2	7	ウ	ク	ス	ツ	ヌ	フ	ム	ユ	ル	゛
3	8	エ	ケ	セ	テ	ネ	ヘ	メ		レ	゜
4	9	オ	コ	ソ	ト	ノ	ホ	モ	ヨ	ロ	―

※ 帳票種別	①管轄局	②帳票区分	③保留	④受付年月日
3 8 5 3 0		無 新規 / 1 移行	1	

1～9月は右へ　1～9月は右へ　1～9日は右へ

⑤ 労働保険番号	⑥処理区分	⑦支給・不支給決定年月日	⑧特例コード
府県 所掌 管轄　　基幹番号　　枝番号　　　　　　　　 ※			1 3か月超 / 2 産業医等 / 5 1及び3
× × 1 0 2 1 2 3 4 5 6 0 0 0			

⑨性別	⑩労働者の生年月日	⑪一次健康診断受診年月日	⑫二次健康診断受診年月日
1 男 / 3 女 → 1	3 大正 / 5 昭和 / 7 平成 / 9 令和 → 5 3 1 0 4 2 6	7 平成 / 9 令和 → 9 0 4 0 5 1 5	7 平成 / 9 令和 → 9 0 4 0 7 0 3

1～9年は右へ　1～9月は右へ　1～9日は右へ　　1～9年は右へ　1～9月は右へ　1～9日は右へ　　1～9年は右へ　1～9月は右へ　1～9日は右へ

⑬ 労働者の

シメイ（カタカナ）：姓と名の間は1文字あけて記入してください。濁点・半濁点は1文字として記入してください。

| ス | ス | ゛ | キ | | シ | ゛ | ロ | ウ | | | | | | | | | | |

氏名　鈴木　次郎　　　　　　　　　　　（66歳）

フリガナ　×××　シ　××××チョウ

住所　○○市○○町300

㉒郵便番号　× × × － × × × ×

一次健康診断（直近の定期健康診断等）における以下の検査結果について記入してください。

（以下の⑭、⑮、⑰及び⑱の異常所見について、すべて「有」の方が二次健康診断等給付を受給することができます。）

一次健康診断結果欄

⑭血圧の測定における異常所見（高い場合に限る。）	⑮血中脂質検査における異常所見（高い場合に限る。ただし、HDLコレステロールについては、低い場合に限る。）	血 糖 検 査		⑱腹囲又はBMI（肥満度）の測定における異常所見（高い場合に限る。）	⑲尿蛋白検査についての所見	⑳脳又は心臓疾患について療養を行っているなど、当該疾患の症状の有無
		⑯検査方法	⑰異常所見（高い場合に限る。）			
1 有 / 3 無 → 1	1 有 / 3 無 → 1	1 血糖値検査 / 3 ヘモグロビンA1c検査 → 1	1 有 / 3 無 → 1	1 有 / 3 無 → 1	1 － / 3 ± / 5 + / 7 ++ / 9 +++ → 3	1 有 / 3 無 → 3

二次健康診断等実施機関の	名称	太田病院	電話（△△△）×××－○○○○
	所在地	○○市○○町200	〒×××－××××

㉑の期日が⑪の期日から3か月を超えている場合、その理由について、該当するものを○で囲んでください。

イ　天災地変により請求を行うことができなかった。　　　　　　　ハ　その他（理由：　　　　　　　　　）

ロ　医療機関の都合等により、一次健康診断の結果の通知が著しく遅れた。

事業主証明欄

⑬の者について、⑪の期日が一次健康診断の実施日であること及び添付された書類が⑪の期日における一次健康診断の結果であることを証明します。

令和4年　6月22日

事業の名称　株式会社本田商事　　　　電話（△△△）×××－○○○○

事業場の所在地　○○市○○町100　　　〒×××－××××

事業主の氏名　代表取締役　本田　太郎

（法人その他の団体であるときはその名称及び代表者の氏名）

労働者の所属事業場の名称・所在地　　　　　　　　　電話（△△△）×××－○○○○

上記により二次健康診断等給付を請求します。

○○　労働局長　殿

㉑請求年月日

7 平成 / 9 令和 → 9 0 4 0 6 2 5

1～9年は右へ　1～9月は右へ　1～9日は右へ

太田 （病院）経由 / 診療所

〒　×××　××××　　　電話（△△△）×××－○○○○

請求人の　住所　○○市○○町300

氏名　鈴木　次郎

	局 長	部 長	課 長		調査年月日	・ ・
支給不支給決定決議書					復命書番号	第　　号
					決定年月日	・ ・
				不支給理由		

⑥ 第三者行為災害

1 第三者行為災害とは

労災保険給付の対象となる業務または通勤による労働者の傷病等のなかには、仕事で道路を通行中に建設現場から物が落ちてきて負傷する、また通勤途中に交通事故に遭うなどの災害によるものがあります。

このように労災保険給付の原因である災害が第三者（災害に関する労災保険関係の当事者（政府、事業主及び労災保険の受給権者）以外の者）の行為によって生じたものであって労災保険の受給権者である被災労働者またはその遺族に対して第三者が損害賠償の義務を有しているものを「第三者行為災害」といいます。

第三者行為による災害の場合、被災労働者またはその遺族は、その第三者に対し損害賠償請求権を取得すると同時に、労災保険に対しても給付請求権を取得します。このとき、同一の事由による両者の重複支払いを避けるため、労災保険法では、労災保険給付と民事損害賠償との支給調整について、**右図**のように定めています。

▶▶ 労災保険給付と民事損害賠償との支給調整

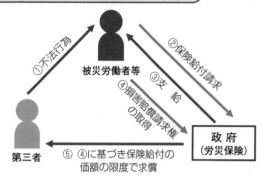

労災保険給付を先に受けた場合——求償

政府が労災保険給付と引き換えに、被災労働者等の損害賠償請求権を取得し、直接行使。

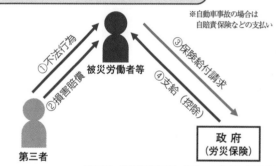

損害賠償※を先に受けた場合——控除

※自動車事故の場合は自賠責保険などの支払い

政府は、労災保険給付から同一の事由に相当する損害賠償額を差し引いて給付を行う。

2 必要な手続

第三者行為災害の場合、労災保険給付の請求書に先立って、または請求書と同時に、所轄の労働基準監督署へ「第三者行為災害届」を提出する必要があります。この届出書には、災害の事実、第三者の氏名・住所（第三者の氏名・住所が分からない場合はその旨）、被害の状況などを記載し、下記のような書類を添付します。

▶▶ 「第三者行為災害届」に添付する書類

添付書類	交通事故による災害	交通事故以外による災害	備　考
「交通事故証明書」または「交通事故発生届」	○	—	自動車安全運転センターの証明がもらえない場合は「交通事故発生届」
念書（兼同意書）	○	○	
示談書の謄本	○	○	示談が行われた場合（写しでも可）
自賠責保険等の損害賠償等支払証明書または保険金支払通知書	○	—	仮渡金または賠償金を受けている場合（写しでも可）
死体検案書または死亡診断書	○	○	死亡の場合（写しでも可）
戸籍謄本	○	○	死亡の場合（写しでも可）

※なお、災害を発生させた第三者は、労働基準監督署から「第三者行為災害報告書」の提出を求められます。

7 社会復帰促進等事業

1 社会復帰促進等事業とは

　労災保険では、労働者が業務または通勤により災害を被った場合に各種の保険給付を行いますが、このほかに、①被災労働者の社会復帰の促進、②被災労働者やその遺族の援護、③労働者の安全と衛生の確保など労働者の福祉の増進に寄与することを目的として社会復帰促進等事業を行っています。社会復帰促進等事業は、大きく3つの事業に分かれています。

▶▶ 社会復帰促進等事業の概要

社会復帰促進等事業	社会復帰促進事業 （被災労働者の円滑な社会復帰の促進のための事業）	◆労災病院（付属施設を含む）、医療リハビリテーションセンター及び総合せき損センターの設置、運営 ◆労災リハビリテーション作業所の設置、運営 ◆外科後処置*1　◆義肢等装具の購入・修理に要した費用の支給*2 ◆アフターケア　◆労災はり・きゅう施術特別援護措置　など
	被災労働者等援護事業 （被災労働者とその遺族の援護を図るための事業）	◆特別支給金の支給（☞28頁、36頁、37頁、43頁、44頁参照） ◆労災就学等援護費の支給 ◆年金担保資金の貸付け ◆長期家族介護者援護金の支給 ◆労災特別介護施設（ケアプラザ）の設置、運営 ◆労災ホームヘルプサービス事業　　　　　　　　　　など
	安全衛生確保等事業 （労働者の安全と衛生の確保などのための事業）	◆労働災害防止対策の実施 ◆災害防止団体等が行う労働災害防止活動事業等に対する補助 ◆産業保健活動総合支援事業の実施 ◆メンタルヘルス対策等事業の実施　◆未払賃金の立替払事業の実施

　以下では、社会復帰促進等事業のうち、業務または通勤により災害を被った労働者やその遺族のための主だった事業について、その概要を紹介します。

2 外科後処置*1

　業務または通勤により被災した傷病が治ゆした被災労働者において、障害（補償）等給付を受けた後、保険給付の対象とならない義肢装着のための断端部の再手術や醜状の軽減のための再手術など、社会復帰の促進を図るため外科後処置に必要な医療の給付を労災病院等で受けることができます。

3 義肢等補装具購入（修理）に要した費用の支給*2

　業務または通勤による災害の傷病で、一定の欠損障害または機能障害が残った労働者に対して、義肢、上下肢装具、義眼、補聴器や車椅子などの補装具の購入費用や修理に要する費用が支給されます（所轄の都道府県労働局長へ申請します）。

　また、義肢・補装具などの採型や、装着訓練のために、医療機関などへ行くための交通費、宿泊費なども支給されます。

4 アフターケア

　労災によりせき髄損傷、頭頸部外傷症候群、慢性肝炎といった特定の傷病に罹患した労働者について、治ゆした後も、再発や後遺障害に伴う新たな病気の発症を防ぐため、労災保険指定医療機関でアフターケアを無料で受診することができます。アフターケアの範囲は、傷病によって異なりますが、おおむね診察、保健指導、保健のための処置、検査です。アフターケアの対象となる傷病は20種類あり、一定の障害等級などを対象者の要件としています。

▶▶ アフターケアの対象傷病

1	せき髄損傷	11	尿路系腫瘍
2	頭頸部外傷症候群等（頭頸部外傷症候群、頸肩腕障害、腰痛）	12	脳の器質性障害
3	尿路系障害	13	外傷による末梢神経損傷
4	慢性肝炎	14	熱傷
5	白内障等の眼疾患	15	サリン中毒
6	振動障害	16	精神障害
7	大腿骨頸部骨折及び股関節脱臼・脱臼骨折	17	循環器障害
8	人工関節・人工骨頭置換	18	呼吸機能障害
9	慢性化膿性骨髄炎	19	消化器障害
10	虚血性心疾患等	20	炭鉱災害による一酸化炭素中毒

※申請できる期間は、対象傷病によって異なります。

> **健康管理手帳の申請**
>
> 　アフターケアを受ける際は、労災保険指定医療機関に「健康管理手帳」を提示する必要があります。
> 　健康管理手帳は、被災労働者が所属事業場を管轄する都道府県労働局長へ申請して交付を受けます。

5 労災就学等援護費

　労働災害により死亡し、重度障害を受け、または長期療養を要する労働者の子のその後の就学状況及び保育の状況等から重度障害者、長期療養者及び遺族に労災就学等援護費を支給します。

　ただし、年金給付基礎日額が16,000円を超える場合は、支給する対象となっていません。

　労災就学等援護費には、学資を援護する「労災就学援護費」と保育に係る費用を援護する「労災就労保育援護費」の2種類があります。

▶▶ 支給対象者

> 障害等級1級～3級の障害（補償）等年金の受給権者
> 遺族（補償）等年金の受給権者
> 傷病（補償）等年金の受給権者（傷病の程度が特に重篤な場合）

在学者等である子あるいは要保護児である子と生計を同じくしていること、学資等の支弁が困難であること、あるいは就労のため保育所へ預ける費用等の援助の必要があることなど、それぞれ一定の要件があります。

▶▶ 支給額

		支給額（1人月額）
労災就学援護費	小学校	14,000円
	中学校	18,000円（通信制課程の場合は15,000円）
	高校等	16,000円（通信制課程の場合は13,000円）
	大学等	39,000円（通信制課程の場合は30,000円）
労災就労保育援護費		12,000円

> **労災就学等援護費の申請**
>
> 　労災就学等援護費は、支給請求書に在学証明書など必要な書類を添付のうえ、所轄の労働基準監督署へ提出してください。

 社会復帰促進等事業の詳細については、最寄りの労働基準監督署、都道府県労働局へお問い合わせください。

8 特別加入

1 特別加入制度

労災保険は、労働者の業務または通勤による災害に対して、保険給付を行う制度ですが、労働者以外でも、その業務の実情、災害の発生状況などからみて特に労働者に準じて保護することが適当であると認められる一定の方には特別に任意加入を認めています。これが特別加入制度です。

さらに、労災保険は、海外の事業場で就労する方は対象となりませんが、外国の制度の適用範囲や給付内容が必ずしも十分でない場合もあることから、海外派遣者についても労災保険の給付が受けられる特別加入制度を設けています。

特別加入は強制ではなく、任意加入によるものですが、右の4種類の者がその対象となります。

▶▶ **特別加入制度の対象者**

①	中小事業主等	第一種特別加入者
②	一人親方等	第二種特別加入者
③	特定作業従事者	
④	海外派遣者	第三種特別加入者

2 特別加入者の範囲

1 中小事業主等

特別加入することができる中小事業主等は、次の①または②に該当する者です。

① **右表の企業規模※の事業主**
（事業主が法人その他の団体であるときはその代表者）

② **労働者以外で①の事業主の事業に従事する者**
（家族従事者、法人等である場合の代表者以外の役員など）

※1つの企業に工場や支店などがいくつかある場合は、それぞれに使用される労働者の数を合計したものとなる。

業　種	労働者数
金融業／保険業 不動産業／小売業	50人以下
卸売業／サービス業	100人以下
上記以外の業種	300人以下

2 一人親方等

一人親方等として特別加入することができるのは、労働者を使用しないで次の①～⑪の事業を行うことを常態とする一人親方その他の自営業者、その事業に従事する者です。

> **労働者を使用する場合**
> 労働者を使用する場合であっても労働者を使用する日の合計が年間100日に満たないときは、一人親方等として特別加入できます。

① 自動車を使用して行う旅客若しくは貨物の運送の事業または原動機付自転車若しくは自転車を使用して行う貨物の運送の事業（個人タクシー業者、個人貨物運送業者など）
② 土木・建築その他の工作物の建設・改造・保存・原状回復（除染を目的として行う高圧水による工作物の洗浄や側溝にたまった堆積物の除去などを含む）・修理・変更・破壊・解体または準備の事業（大工、左官、とび職人など）
③ 漁船による水産動植物の採捕の事業（⑦に該当する事業を除きます）
④ 林業の事業
⑤ 医薬品の配置販売（医療品医療機器等法第30条の許可を受けて行う医薬品の配置販売業）の事業
⑥ 再生利用の目的となる廃棄物などの収集・運搬・選別・解体等の事業
⑦ 船員法第1条に規定する船員が行う事業
⑧ 柔道整復師法第2条に規定する柔道整復師が行う事業
⑨ 創業支援等措置に基づく事業を行う高年齢者（改正高年齢者雇用安定法第10条の2第2項に規定する創業支援等措置に基づき、同項第1号に規定する委託契約その他の契約に基づいて高年齢者が新たに開始する事業又は同項第2号に規定する社会貢献事業に係る委託契約のその他の契約に基づいて高年齢者が行う事業）
⑩ あん摩マッサージ指圧師、はり師、きゅう師等に関する法律に基づくあん摩マッサージ指圧師、はり師又はきゅう師が行う事業
⑪ 歯科技工士法第2条に規定する歯科技工士が行う事業

3 特定作業従事者

特定作業従事者として特別加入することができるのは、次の①～⑨に該当する者です。

①	特定農作業従事者	年間農業生産物総販売額が300万円以上または経営耕作地面積2ヘクタール以上の規模で土地の耕作・開墾、植物の栽培・採取、家畜・蚕の飼育の作業で、次のいずれかの作業に従事する者 (a)動力により駆動する機械を使用する耕作などの作業 (b)高さが2メートル以上の箇所での作業 (c)サイロ、むろなどの酸素欠乏危険場所での作業 (d)農薬の散布作業 (e)牛・馬・豚に接触し、または接触するおそれのある作業
②	指定農業機械作業従事者	動力耕うん機その他の農業用トラクターなどの機械を使用し、土地の耕作、開墾または植物の栽培、採取の作業に従事する者
③	国・地方公共団体が実施する訓練従事者	求職者に対して実施する職場適応訓練、事業主団体等委託訓練に従事する者
④	家内労働者とその補助者	家内労働法にいう家内労働者及びその補助者でプレス機械の使用など特に危険度が高い作業に従事する者
⑤	労働組合等の常勤役員	常時労働者を使用しない労働組合等で、労働組合活動に関する作業に従事する一人専従役員
⑥	介護作業従事者及び家事支援従事者	入浴、排せつ、食事などの介護その他の日常生活上の世話などの作業に従事する介護作業従事者及び家事を代行し、または補助する作業に従事する者
⑦	芸能関係作業従事者	放送番組（広告放送を含む）、映画、寄席、劇場等における音楽、演芸その他の芸能の提供の作業又はその演出若しくは企画の作業に従事する者
⑧	アニメーション制作作業従事者	アニメーションの制作の作業に従事する者
⑨	ITフリーランス	情報処理に係る作業に従事する者

4 海外派遣者

海外派遣者として特別加入することができるのは、次の①～③のいずれかに該当する者です。

> ① 日本国内の事業主（日本国内で労災保険関係成立し、有期事業除く。）から、海外で行われる事業（海外支店、工場、現地法人、海外の提携先企業など）に労働者として派遣される者
> ② 日本国内の事業主から、海外にある中小規模の事業に事業主等として派遣される者
> ③ 開発途上地域に対し技術協力の実施の事業（有機事業を除く）を行う団体から、開発途上地域で行われる事業に従事するため派遣される者

3 特別加入の場合の保険給付の内容、給付基礎日額、保険料

1 保険給付の内容

特別加入者が、業務または通勤により一定の業務等を行っていて被災した場合には、所定の保険給付（一部に通勤災害の保護の対象となっていないものがある）が行われるとともに、併せて、特別支給金が支給（一部は支給されないものもある）されます。また、二次健康診断等給付は、特別加入者は対象とされていません。

2 給付基礎日額、保険料

各種保険給付などの給付額を算定する基礎となる給付基礎日額は、16段階で設定されている額から、加入者の申請に基づいて、都道府県労働局長が決定することとされています。

保険料は、一般の労働者の場合は年間の賃金総額に労災保険率を乗じて算定しますが、特別加入者の場合、賃金という概念がないため、上記によって決定された給付基礎日額×365日を保険料算定基礎額として、その事業または作業ごとに定められている保険料率（海外派遣者の場合は一律1000分の3）を乗じた額が特別加入保険料となります。

❾ 不服申立について

　労災の請求に対する決定（原処分）（労働基準監督署長の不支給決定や支給決定内容）に不服がある場合に、不服申立てをすることができます。

1　労働基準監督署長の処分決定について不服申立がある場合には、処分があったことを知った日の翌日から起算して3か月以内に労働基準監督署を管轄する都道府県労働局の労働者災害補償保険審査官に対して審査請求をすることができます。

2　審査請求に対する審査官の決定に不服がある場合には、決定書の謄本か送付された日の翌日から起算して2か月以内に労働保険審査会に対して再審査請求することができます。

　　また、審査官に審査請求をした日から3か月を経過しても決定がないときは、決定を経ないで審査会に対して再審査請求をすることができます。

3　原処分に対する取消訴訟は、審査請求に対する審査官の決定を経た後に、国を被告として、決定があったことを知った日の翌日から起算して6か月以内に、また審査会に対して再審査請求をした場合には、裁決を経る前または裁決があったことを知った日の翌日から起算して6か月以内に提起をすることができます。

▶▶ 労働保険審査制度の仕組み

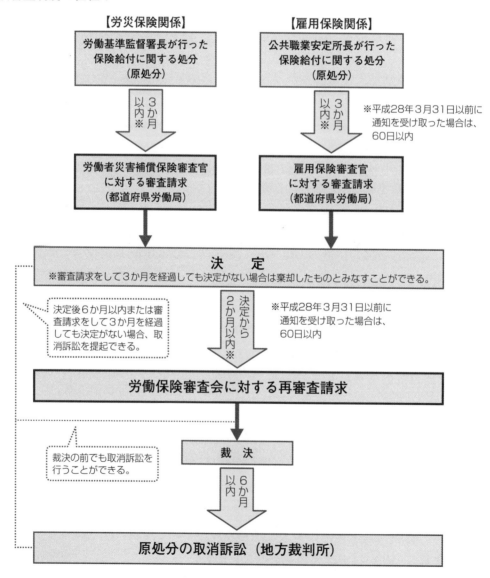

10 労働保険の適用と保険料

1 労働保険とは

　労働保険とは、労災保険法による労災保険と雇用保険法による雇用保険とを総称したものです。それぞれの保険の適用及び保険料の徴収については、労働保険の保険料の徴収等に関する法律（徴収法）により、原則として一元的に処理することとされていて、両保険の保険料は労働保険料として1本にして徴収されています。

> **労働保険の仕組み**
> 　労働保険の保険関係は、業務災害及び通勤災害または失業などの保険事故が生じた場合に、労働者や被保険者が保険者である政府に対し保険給付を請求する権利を持ち、これに対して政府は、保険加入者である事業主や被保険者から一定の保険料を徴収し、これを財源として保険給付（一部、国庫補助があります）義務を負うという法律関係になります。

▶▶ 労働保険

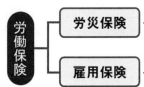

労災保険 …業務または通勤による労働者の負傷・疾病・障害・死亡等に対して保険給付を行う制度。

雇用保険 …労働者が失業した場合や働き続けることが困難となった場合、また自ら教育訓練を受けた場合に、生活・雇用の安定と就職の促進を図るための必要な給付を行う制度。

2 労働保険の適用

1 労働保険の適用事業

　労働保険は、農林水産業等の一部を除き、労働者を一人でも雇っている事業であれば、事業主は保険関係成立手続を行うことが、法律で義務づけられています。

▶▶ 労働保険の適用事業

○：強制適用

保険区分	業　種	個　人 (注)		法　人
		5人未満	5人以上	雇用人数に無関係
労災保険	農林水産業	一部任意適用	○	○
	上記以外	○	○	○
雇用保険	農林水産業	任意適用	○	○
	上記以外	○	○	○

（注）個人とは、国、地方公共団体、法人の事業所以外の事業所

2 労働保険が適用される労働者（適用要件）

　労災保険は、職業の種類を問わず、適用事業に使用されて賃金を支払われる労働者であれば適用されます。したがって、いわゆる正社員のほか、パートタイマー、アルバイト、有期雇用の契約社員、日雇労働者等すべて対象となります。

　雇用保険は、昼間学生など雇用保険法第6条に規定する者以外の者は原則として被保険者になります。

　また、短時間就労者（パートタイマー等）の場合でも、右の要件を満たせば雇用保険が適用されます。

▶▶ 雇用保険の適用要件

次の2つの要件を満たせば、雇用保険が適用される。

> ①　1週間の所定労働時間が20時間以上であること
> ②　31日以上引き続き雇用されることが見込まれること

なお、65歳以上の労働者も雇用保険の適用要件を満たす場合は「高年齢者被保険者」として雇用保険の適用対象となりました（平成29年1月1日以降）。

③ 労働保険の成立手続

　労働保険の適用事業となったときは、所轄の労働基準監督署または公共職業安定所（ハローワーク）に、「保険関係成立届」を提出します。そして、その年度分の労働保険料を概算保険料（保険関係が成立した日からその年度末までに労働者に支払う賃金総額（見込額）×保険料率）として申告・納付します。

　また、雇用保険の適用事業となった場合は、これらのほかに、「雇用保険適用事業所設置届」と「雇用保険被保険者資格取得届」を所轄の公共職業安定所に提出しなければなりません。

▶▶ 労働保険の成立手続（一元適用事業の場合）

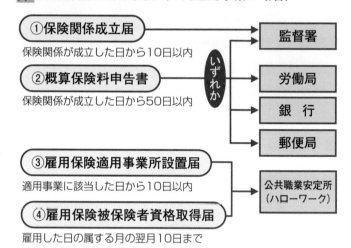

①保険関係成立届
保険関係が成立した日から10日以内 → 監督署

②概算保険料申告書
保険関係が成立した日から50日以内 いずれか → 労働局／銀行／郵便局

③雇用保険適用事業所設置届
適用事業に該当した日から10日以内 → 公共職業安定所（ハローワーク）

④雇用保険被保険者資格取得届
雇用した日の属する月の翌月10日まで

①の後または同時に②の手続を行う。
①の後に、③・④の手続を行う。

一元適用事業と二元適用事業

　一元適用事業とは、労災保険と雇用保険の保険料の申告・納付等を一本化して行う事業をいいます。また、二元適用事業とは、一般に建設業・農林漁業等で、労災保険と雇用保険の保険料の申告・納付等を別個に行う事業をいいます。

　二元適用事業の場合は、一元適用事業とは手続が異なりますので、詳しくは都道府県労働局へお問い合わせください。

労働保険料の負担

　労働保険料のうち、労災保険分は全額事業主負担、雇用保険分は、事業主と労働者の双方で負担します。（☞雇用保険率及び事業主と労働者の負担の内訳は、60頁参照）

📖 費用徴収～労災保険の保険関係成立届を提出していないとどうなるか

　労働者を一人でも雇っている事業主は、労災保険の成立手続を行わなければなりません。にもかかわらず、事業主が故意・重大な過失により、労災保険に係る手続（保険関係成立届の提出）を怠っていた期間中に労災事故が発生した場合、遡って保険料を徴収するほかに、労災保険から給付を受けた額の全額または一部を事業主から徴収することとされています。

費用徴収の適用となる事業主等

労災保険の加入手続について**行政機関から指導等を受けたにもかかわらず、手続を行わない**期間中に業務災害や通勤災害が発生した場合	➡ 事業主が「**故意**」に手続を行わないものと認定。当該災害に関して支給された保険給付*の額の**100％徴収**
労災保険の加入手続について行政機関から指導等は受けていないものの、**労災保険の適用事業となったときから1年を経過してなお手続を行わない**期間中に業務災害や通勤災害が発生した場合	➡ 事業主が「**重大な過失**」により手続を行わないものと認定。当該災害に関して支給された保険給付*の額の**40％徴収**

療養開始後3年間に支給されるものに限る。
また、療養（補償）等給付、介護（補償）等給付は除く。

3 労働保険料

1 労働保険料の算定

労働保険料（一般保険料*）は、事業主が労働者に支払う賃金をベースとして算定します。

▶ 原則的な労働保険料（一般保険料）の算定方法

*特別加入保険料や雇用保険の日雇労働被保険者
に関する印紙保険料以外の通常の保険料

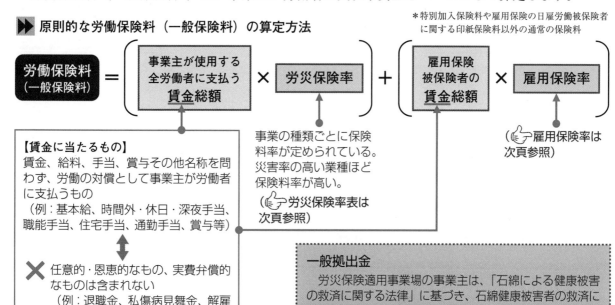

| 労働保険料（一般保険料） = 事業主が使用する全労働者に支払う賃金総額 × 労災保険率 + 雇用保険被保険者の賃金総額 × 雇用保険率 |

【賃金に当たるもの】
賃金、給料、手当、賞与その他名称を問わず、労働の対償として事業主が労働者に支払うもの
（例：基本給、時間外・休日・深夜手当、職能手当、住宅手当、通勤手当、賞与等）

✕ 任意的・恩恵的なもの、実費弁償的なものは含まれない
（例：退職金、私傷病見舞金、解雇予告手当、出張旅費等）

事業の種類ごとに保険料率が定められている。災害率の高い業種ほど保険料率が高い。
（☞労災保険率表は次頁参照）

（☞雇用保険率は次頁参照）

一般拠出金
　労災保険適用事業場の事業主は、「石綿による健康被害の救済に関する法律」に基づき、石綿健康被害者の救済に充てるため、労働保険料とは別に一般拠出金を負担します。料率は、業種を問わず、一律1,000分の0.02です。
　なお、一般拠出金は、労働保険の年度更新に併せ申告・納付します。

2 労働保険料の申告・納付

(1) 労働保険の年度更新

　労働保険の保険料は、その年度における申告の際に概算で申告・納付し、翌年度の申告・納付の際に確定申告のうえ、精算することになっています。実務的には、毎年6月1日～7月10日の期間内に、労働基準監督署、労働局及び金融機関で、前年度の確定保険料と当年度の概算保険料を併せて申告・納付する手続を行います（「年度更新」といいます）。

(2) 労働保険料を分割して納付（延納）することができる場合

　右のいずれかの場合には、原則として、**下表**のとおり、労働保険料を3回に分割して納付することができます（10月1日以降に成立した事業場については延納が認められません）。

① 概算保険料額が40万円（労災保険か雇用保険のどちらか一方の保険関係のみ成立している場合は20万円）以上の場合
② 労働保険事務組合に労働保険事務を委託している場合

▶ 延納する場合の納期限

（　　）内は労働保険事務組合に労働保険事務を委託している場合

	4/1～5/31に成立した事業場			6/1～9/30に成立した事業場		翌年度以降		
	第1期	第2期	第3期	第1期	第2期	第1期	第2期	第3期
期間	成立した日～7/31	8/1～11/30	12/1～3/31	成立した日～11/30	12/1～3/31	4/1～7/31	8/1～11/30	12/1～3/31
納期限	成立した日から50日	10/31（11/14）	翌1/31（2/14）	成立した日から50日	翌1/31（2/14）	7/10	10/31（11/14）	翌1/31（2/14）

※納期限が土曜・日曜・祝日に当たるときは、その翌日が期限日となる。
※労働保険料等は、口座振替による納付も可能です（納付日は上記と異なります。詳しくは、都道府県労働局へお問い合わせください）。

▶▶ 労災保険率（令和5年4月1日現在）

（単位：1/1000）

事業の種類の分類	番号	事業の種類	労災保険率
林業	02・03	林業	60
漁業	11	海面漁業（定置網漁業又は海面魚類養殖業を除く。）	18
	12	定置網漁業又は海面魚類養殖業	38
鉱業	21	金属鉱業、非金属鉱業（石灰石鉱業又はドロマイト鉱業を除く。）又は石炭鉱業	88
	23	石灰石鉱業又はドロマイト鉱業	16
	24	原油又は天然ガス鉱業	2.5
	25	採石業	49
	26	その他の鉱業	26
建設事業	31	水力発電施設、ずい道等新設事業	62
	32	道路新設事業	11
	33	舗装工事業	9
	34	鉄道又は軌道新設事業	9
	35	建築事業（既設建築物設備工事業を除く。）	9.5
	38	既設建築物設備工事業	12
	36	機械装置の組立て又は据付けの事業	6.5
	37	その他の建設事業	15
製造業	41	食料品製造業（たばこ等製造業を含む。）	6
	42	繊維工業又は繊維製品製造業	4
	44	木材又は木製品製造業	14
	45	パルプ又は紙製造業	6.5
	46	印刷又は製本業	3.5
	47	化学工業	4.5
	48	ガラス又はセメント・製造業	6
	66	コンクリート製造業	13
	62	陶磁器製品製造業	18
	49	その他の窯業又は土石製品製造業	26
	50	金属精錬業（非鉄金属精錬業を除く。）	6.5
	51	非鉄金属精錬業	7
	52	金属材料品製造業（鋳物業を除く。）	5.5
	53	鋳物業	16
	54	金属製品製造業又は金属加工業（洋食器、刃物、手工具又は一般金物製造業及びめつき業を除く。）	10
	63	洋食器、刃物、手工具又は一般金物製造業（めつき業を除く。）	6.5
	55	めつき業	7
	56	機械器具製造業（電気機械器具製造業、輸送用機械器具製造業、船舶製造又は修理業及び計量器、光学機械、時計等製造業を除く。）	5
	57	電気機械器具製造業	2.5
	58	輸送用機械器具製造業（船舶製造又は修理業を除く。）	4
	59	船舶製造又は修理業	23
	60	計量器、光学機械、時計等製造業（電気機械器具製造業を除く。）	2.5
	64	貴金属製品、装身具、皮革製品等製造業	3.5
	61	その他の製造業	6.5
運輸業	71	交通運輸事業	4
	72	貨物取扱事業（港湾貨物取扱事業及び港湾荷役業を除く。）	9
	73	港湾貨物取扱事業（港湾荷役業を除く。）	9
	74	港湾荷役業	13
電気、ガス、水道又は熱供給の事業	81	電気、ガス、水道又は熱供給の事業	3
その他の事業	95	農業又は海面漁業以外の漁業	13
	91	清掃、火葬又はと畜の事業	13
	93	ビルメンテナンス業	5.5
	96	倉庫業、警備業、消毒又は害虫駆除の事業又はゴルフ場の事業	6.5
	97	通信業、放送業、新聞業又は出版業	2.5
	98	卸売業・小売業、飲食店又は宿泊業	3
	99	金融業、保険業又は不動産業	2.5
	94	その他の各種事業	3
船舶所有者の事業	90	船舶所有者の事業	47

建設の事業の労災保険の保険料額の算定

　請負による建設の事業は、元請負人が全体の事業についての事業主として、工事全体の保険料の納付等の義務を負います。
そして、元請負人が、数次の請負人を含めた支払賃金総額を正しく把握することが難しい場合があるので、元請負人が請け負った工事全体の請負金額に労務比率（工事の請負金額に占める賃金総額の割合）を乗じて得た額を賃金総額として労災保険の保険料額として算定することが認められています。

▶▶ 雇用保険率

事業の種類	令和5年4月1日 ～ 令和6年3月31日		
	事業主負担	被保険者負担	計
一般の事業	$\frac{9.5}{1000}$	$\frac{6}{1000}$	$\frac{15.5}{1000}$
農林水産清酒製造の事業	$\frac{10.5}{1000}$	$\frac{7}{1000}$	$\frac{17.5}{1000}$
建設の事業	$\frac{11.5}{1000}$	$\frac{7}{1000}$	$\frac{18.5}{1000}$